TEATRO DE
FRANKLIN TÁVORA

Franklin Távora (1842-1888)

TEATRO DE FRANKLIN TÁVORA

Edição preparada por
CLÁUDIO AGUIAR

Martins Fontes
São Paulo 2003

*Copyright © 2003, Livraria Martins Fontes Editora Ltda.,
São Paulo, para a presente edição.*

1ª edição
outubro de 2003

Acompanhamento editorial
Helena Guimarães Bittencourt
Preparação do original
Marise Simões Leal
Revisões gráficas
*Maria Fernanda Alvares
Solange Martins
Dinarte Zorzanelli da Silva*
Produção gráfica
Geraldo Alves
Paginação
Moacir Katsumi Matsusaki

Dados Internacionais de Catalogação na Publicação (CIP)
(Câmara Brasileira do Livro, SP, Brasil)

Távora, Franklin, 1842-1888.
 Teatro de Franklin Távora / Franklin Távora ; edição preparada por Cláudio Aguiar. – São Paulo : Martins Fontes, 2003. – (Dramaturgos do Brasil)

 Bibliografia.
 ISBN 85-336-1924-3

 1. Dramaturgos – Brasil 2. Távora, Franklin, 1842-1888 – Crítica e interpretação 3. Teatro brasileiro – História e crítica I. Aguiar, Cláudio. II. Título. III. Série.

03-5751   CDD-869.92

Índices para catálogo sistemático:
 1. Peças teatrais : Literatura brasileira   869.92
 2. Teatro : Literatura brasileira   869.92

Todos os direitos desta edição reservados à
Livraria Martins Fontes Editora Ltda.
*Rua Conselheiro Ramalho, 330/340 01325-000 São Paulo SP Brasil
Tel. (11) 3241.3677 Fax (11) 3105.6867
e-mail: info@martinsfontes.com.br http://www.martinsfontes.com.br*

COLEÇÃO "DRAMATURGOS DO BRASIL"

Vol. VI – Franklin Távora

Esta coleção tem como finalidade colocar ao alcance do leitor a produção dramática dos principais escritores e dramaturgos brasileiros. Os volumes têm por base as edições reconhecidas como as melhores por especialistas no assunto e são organizados por professores e pesquisadores no campo da literatura e dramaturgia brasileiras.

Cláudio Aguiar, que preparou o presente volume, é dramaturgo, romancista, ensaísta e doutor pela Universidade de Salamanca (Espanha). Entre outros, publicou os livros *Os espanhóis no Brasil* (Rio de Janeiro, Tempo Brasileiro, 1992); *Franklin Távora e o seu tempo* (São Paulo, Ateliê Editorial, 1997); *Caldeirão* (Rio de Janeiro, Calibán, 2000) e *Suplício de Frei Caneca* (Rio de Janeiro, Calibán, 2001).

Coordenador da coleção: João Roberto Faria, Doutor em Letras e Livre-Docente pela Universidade de São Paulo, onde é professor de Literatura Brasileira.

ÍNDICE

Introdução IX
Cronologia XXXVII
Nota sobre a presente edição XLV

PEÇAS DE FRANKLIN TÁVORA

Um mistério de família. 1
Três lágrimas. 129

INTRODUÇÃO

AS LÁGRIMAS DA DESONRA

*A honra é a consciência externa,
e a consciência a honra interna.*

SCHOPENHAUER

I

A consagração literária de Franklin Távora se deu como romancista após o aparecimento de *O cabeleira*, em 1876. Os romances *Lourenço* e *O matuto* completam a tríade de seus livros mais conhecidos. Foi, porém, um escritor múltiplo. Além de romances, escreveu contos, ensaios históricos, poesia, crítica literária e, como não poderia deixar de ser, teatro. Foi, ainda, fundador de jornais, deputado provincial e, como jornalista, sustentou intensas polêmicas sobre a liberdade do ensino e a questão religiosa.

Sua paixão pelo teatro manifestou-se bastante cedo. Escreveu o drama *Um mistério de família* quando tinha apenas 18 anos de idade. Não se pode afirmar, porém, que essa peça teatral tenha sido sua primeira experiência, pois, em 1863, ao publicar esse drama, anunciou na quarta capa do volume que em breve seriam publicados vários livros, entre os quais apareciam as peças *O artigo 219* e *Honra e desonra*. Segundo os mais fortes indícios esses textos ou desapareceram, como se deu mais tarde com *Quem muito abarca pouco abraça*, ou, quem sabe, talvez não tenham sido sequer escritos.

A julgar-se pela conhecida produção de Távora, verifica-se que suas peças são marcadas por uma clara preocupação com problemas sociais. Essa tendência o situa como um autor realista que reagiu ao clima romântico que imperava na dramaturgia brasileira. Justamente por isso, é forçoso reconhecer, *Um mistério de família* e *Três lágrimas* inscrevem-se como exemplos de peças que deram continuidade ao novo enfoque realista. E o mais importante: tiveram origem numa região situada fora do eixo Rio–São Paulo. Apresentavam características estéticas de forte conteúdo dramático e foram vistas cenicamente em montagens feitas por diretores e atores de reconhecimento nacional. A história do teatro de Távora, portanto, afirma uma fortuna crítica que lhe empresta sólida posição na dramaturgia nacional.

Quando o jovem Franklin Távora começou a escrever para o teatro, já contava a dramaturgia brasileira com algumas peças arroladas como importantes criações do novo gênero realista. Essa pequena mas expressiva safra de peças surgiu a partir de 1855, coincidindo também, no caso do Rio de Janeiro, com o aparecimento do Teatro Ginásio Dramático, fundado, segundo todos os indícios, de acordo com o modelo do Théâtre Gymnase Dramatique parisiense. A influência, porém, não se acentuaria apenas na concepção de uma casa de espetáculos onde se praticava e encenava o novo gênero realista, mas, sobretudo, nas regras de composição inovadoras que suscitou. Entre tantos outros criadores podem ser citados Quintino Bocaiúva, José de Alencar, Machado de Assis, Joaquim Manuel de Macedo, Pinheiro Guimarães, Aquiles Varejão, Sizenando Barreto Nabuco de Araújo, Souza Ferreira, Francisco Otaviano, Henrique César Muzzio, Leonel de Alencar, Paula Brito, Moreira de Azevedo e Augusto de Castro.

Ao mesmo tempo, no Recife, a partir de 1850, a vida cênica ganhava novo alento com a inauguração do Teatro de Santa Isabel. Se a produção local era bastante limitada, mais raro ainda, ou quase inexistente, o aparecimento de novos autores com obras de qualidade. Apesar disso, a cidade vivia uma intensa movimentação cultural.

Antes existiam apenas algumas salas de espetáculos – Casa da Ópera, Capoeira, Melpômene, Filodramática etc. – onde ocorriam rápidas temporadas de espetáculos locais, outros vindos do sul do país ou mesmo do exterior, principalmente da França. Eram, porém, espaços impróprios para o trabalho cênico. O Teatro Apolo, construído em 1833, oferecia melhores condições. Na Casa da Ópera, em 1825, após o fuzilamento dos revolucionários participantes da Confederação do Equador, certa noite ocorreu um caso curioso. Ali se organizavam espetáculos para entreter a tropa sulista que viera sufocar os revolucionários pernambucanos. Conta-nos um cronista recifense que, faltando um dos atores, convocou-se, dentre os presentes, um furriel para, de improviso, substituir o ator ausente. Tudo funcionou a contento. Tempos depois vieram a saber que, entre os soldados presentes ao teatro naquela noite, havia um jovem cadete chamado João Caetano dos Santos que, mais tarde, viria a ser o maior ator que o Brasil já conheceu.

Outra curiosidade pertinente ocorreu em 1857, quando o ator João Caetano, já consagrado nacionalmente, voltou ao Recife para cumprir temporada no Teatro de Santa Isabel com as peças *A dama de Saint Tropez* e *A gargalhada*. Uma noite, ao fazer o papel de um louco em *A gargalhada*, tamanho foi o esforço desprendido pelo genial ator que, ao redobrar as risadas frenéticas, parecendo um insano de verdade, sofreu violenta síncope, desmaiando a seguir. O espetáculo foi interrompido e João Caetano imediatamente atendido pelo médico Praxedes Pitanga, que, por sorte, se encontrava no teatro.

Com a chegada da companhia de Duarte Coimbra ao Teatro de Santa Isabel em 1861, algo novo começou a surgir no âmbito da vida teatral do Recife. Além de a companhia estimular a revelação de jovens atores, desencadeou uma espécie de positiva animação cultural. Eugênia Câmara, principal artista da companhia, começou a encantar a platéia recifense, chamando a atenção sobretudo dos jovens acadêmicos de Direito, que provocavam algumas situações de disputas amorosas pelas atrizes, como foi o caso dos poetas e acadêmicos Castro Alves e Tobias Barreto com suas respectivas musas: Eugênia Câmara e Adelaide do Amaral. Desde então ficou famosa a relação amorosa que o jovem poeta baiano manteve com a atriz Eugênia Câmara. Por essa época, a peça *Dalila*, de Octave Feuillet, um drama em quatro atos e seis quadros, causava furor na cidade e tinha justamente Eugênia no papel da princesa Falconière. Era também representada *A filha de Gringolet*, um *vaudeville* em um ato, no qual, mais uma vez, comparecia Eugênia Câmara para viver três papéis: Sofia Gringolet, Margot e a Embaixatriz.

Integrando a companhia de Duarte Coimbra encontrava-se no Recife o famoso ator Furtado

Coelho, que atuava no papel principal das peças mencionadas e também era responsável pela criação musical dos espetáculos. Um dia, após estrondoso sucesso alcançado por Furtado em *Dalila*, Castro Alves, não resistindo à beleza do seu desempenho, improvisou um longo poema dedicado ao grande ator português. Uma de suas décimas dizia:

> Ergueste a voz em *Dalila*
> Contigo o artista adorei;
> Depois em *Lúcia* choraste,
> Contigo Lúcia chorei.
> Falaste após duro e frio
> No *Cinismo* – um calafrio
> Passou-me gelado n'alma.
> Eia, pois, Proteu da arte,
> Que assim sabes transformar-te
> Que a Proteu levas a palma.

O jovem poeta Franklin Távora, também apaixonado pelo teatro, escreveu na mesma época um outro poema dedicado ao ator Furtado Coelho, que termina assim:

> Oh! Abre as asas e recebe palmas,
> Ergue-te aos ares que verás mil almas
>   A render-te oblações;
> E quando olhares lá do céu sorrindo
> O teu caminho há de vir cobrindo
>   Não rosas – corações.

II

A representação de *Um mistério de família*, a rigor, foi fruto de imediata admiração de Duarte Coimbra pela qualidade literária do texto. Resumamos. O jovem poeta Távora, que vinha freqüentando o movimento teatral recifense com interesse, cada vez mais empolgado com as representações dos atores portugueses Furtado Coelho e Duarte Coimbra, na verdade, acalentava o sonho de tornar-se autor teatral. Ávido por uma oportunidade, eis que um dia, segundo narra no seu *Quase um prólogo* à primeira edição de *Um mistério de família*, foi apresentado por seu amigo Bessoni de Almeida a Duarte Coimbra. Nessa oportunidade Távora leu o drama para ambos. O ator e empresário português, ao final, exclamou: "O seu trabalho é primoroso e deve produzir explosão. A censura ao artigo do Código é original e judiciosíssima. Foi escrito com muita naturalidade, o que é bastante a assegurar-lhe um lisonjeiro triunfo. Poderei eu merecer do senhor o obséquio de conceder-me que o represente no dia 2 de dezembro? Por ser um original brasileiro não deixa de ser apropriado ao dia." E assim se deu.

Um mistério de família, possivelmente a melhor peça realizada por Távora do ponto de vista da carpintaria teatral, foi escrita de uma assentada. Essa afirmativa apóia-se nas próprias palavras do autor que, atendendo à convocação do amigo Bessoni, meteu mãos à obra. E acrescentou: "Eu sou por demais ativo e sôfrego em trabalhos literários. Em dez dias (quando muito) achava-se concluído o drama..." A alegria do jovem autor foi tanta que não hesitou em registrar o seu contentamento. Além do mais, no ano seguinte, ao publicar o livro, dedicou-o "ao distinto ator Antonio José Duarte Coimbra, amizade e gratidão".

Anos mais tarde, confessaria ao seu amigo Clóvis Beviláqua que desconhecia, então, a literatura dramática. Essa confissão, porém, parecia pender mais para a afirmação de pronunciada modéstia que lhe era peculiar do que para desculpar-se de possíveis defeitos ou fealdades existentes no drama. Em verdade, por aquela época, apesar de bastante jovem, já possuía certa experiência com outras atividades literárias, pois escrevera contos, novelas, poesias e inúmeros artigos em jornais diários.

Um mistério de família é, sem dúvida, a sua melhor obra dramática. Nela sobram pensamento, imaginação e força na criação dos personagens, aspectos imprescindíveis para alimentar um drama realista pungente e revestido de conteúdo social.

A ação desse drama decorre na cidade do Recife e versa sobre a honra da donzela Amélia, que, de repente, ao perdê-la, da noite para o dia, descobre-se exposta ao terrível reproche e escárnio não só de seus familiares e amigos, mas de uma sociedade hipócrita e preconceituosa. Além do mais, não lhe socorre sequer a lei penal, uma vez que a disposição do artigo 219 do Código Criminal, então vigente, não obrigava o ofensor a reparar o crime cometido quando a vítima fosse maior de 17 anos, hipótese que, na prática, aplicava-se a Amélia. É interessante observar que o autor do desvirginamento, o jovem acadêmico Júlio, desejava, a todo transe, reparar o mal que praticara mediante o casamento, provando, assim, que amava Amélia de coração. O impedimento surgiu por parte do padrinho dele, o fazendeiro e comendador Jerônimo, homem rico e insensível que não aceitava ver o seu afilhado casado com uma moça pobre, sem tradição familiar e, ainda por cima, órfã de pai e mãe.

Estabelecido o drama, no momento em que morre a mãe de Amélia, seu irmão Antonio Ferreira, na qualidade de responsável pela irmã menor, não conseguiu conter o segredo da desonra que lhe chegara ao conhecimento por confissão feita pelo médico da família, Dr. Carlos, homem íntegro, honesto e amigo de seus pacientes, capaz de praticar as ações mais difíceis em defesa da verdade e da honra alheia. O médico soubera da ofensa à honra de Amélia por acaso, quando encontrara um bilhete comprometedor deixado, por descuido, pelo criado da casa de Antonio.

O sentido moralizante do drama alcançava em cheio a questão da inexistência de tipificação penal para aquele crime contra a honra. Por isso, Távora, através de seus bem estruturados personagens, reclamou contra tal lacuna. Esse ponto foi notado pelo crítico Maciel Pinheiro, que chegou a apontar o vínculo preciso entre o drama do teatro e o drama da vida real: "Quando o espírito público em uma dessas repetidas crises em que o pudor e a virtude da donzela têm sido vítimas, ora de sentimentos corruptos, ora de arrebatamento das paixões desordenadas, procura em roda de si, ansiada de desespero e de angústia, um ponto de apoio, de proteção e de confiança, a que possa recorrer para suster-se, nada encontra, além de um sorriso desdenhoso e sarcástico da justiça social, estampado no artigo 219 do nosso Código Criminal." (Cf. Prefácio a *Um mistério de família*, Rio de Janeiro, Imperial Instituto Artístico, 1877, p. V.)

O jogo cênico tem andamento, seguindo os passos de um tradicional esquema em que as cenas culminam com a revelação de inesperado e surpreendente mistério. Então, todos os obstáculos e impedimentos transformam-se em fáceis soluções e até a pobreza solar padecida pelos irmãos Antonio e Amélia vira riqueza e felicidade, traduzidas no encontro daquelas condições raras, mas não impossíveis de realizar-se na vida real: o encontro da paternidade perdida por aqueles irmãos injustamente condenados à orfandade.

Este final feliz, na verdade, opera-se não apenas pela força ou mão cega da sorte, mas, no drama de Távora, por causa de plausível verossimilhança estabelecida pelas pontas que a vida familiar às vezes deixa soltas no tempo e no espaço, até que um dia, apesar de bem guardadas como "mistérios" ou "segredos", acordam na memória de alguém e vêm a lume. Tais revelações, geralmente feitas em virtude do surgimento de inusitadas e comoventes circunstâncias, ou situações imprevistas, terminam descortinando quadros que, na maioria dos casos, são capazes de transformar, para bem ou para mal, o destino daqueles que se acham envolvidos no drama. Foi exatamente esse tênue fio perdido na memória de Victor, o fâmulo de confiança do comendador Jerônimo, que se iluminou e revelou ao Dr. Carlos a realidade dos fatos: o comendador, na juventude, quando vivera na cidade de Olinda, um dia, conhecera e mantivera relações amorosas com uma senhora e dela tivera dois filhos. Por injunções da vida, terminara mudando-se da cidade e nunca mais soubera do paradeiro de sua amante nem de seus filhos ainda crianças. Perdera-os de vista para sempre.

De repente, no momento de maior dramaticidade, quando Antonio, jogando as últimas cartadas na tentativa de fazer valer a reparação da honra ofendida de sua pobre irmã, saca da arma e grita para o comendador: "Ou a minha honra, ou a sua vida" – eis que, de forma surpreendente e inesperada, interfere o Dr. Carlos revelando a novidade, isto é, que aquele homem que Antonio pretendia matar é o seu próprio pai e Amélia, a ofendida, sua filha.

Tudo se refaz. A alegria e a felicidade voltam a reinar no seio da família Ferreira, possibilitando, assim, o pronto casamento de Amélia com Júlio.

É preciso convir, porém, que nem todas as situações da realidade encontram solução tão providencial e extraordinária como as previstas por Távora em seu drama. De qualquer sorte, ficou o protesto e a inelutável exigência para que a lei penal um dia fosse alterada com a tipificação da pena. E, com efeito, o autor fez com que o acadêmico Júlio prometesse que, após se formar em Direito, lutaria com todas suas forças para corrigir tal anomalia.

III

Três lágrimas, denominado "drama brasileiro" pelo autor, foi encenado pela primeira vez no Teatro de Santa Isabel, no Recife, em junho de 1869, aliás, poucos meses antes do terrível incêndio que destruiu aquela casa de espetáculos no dia 19 de setembro. Estranhamente o ator Furtado Coelho foi acusado de ter provocado tal incêndio. Tempos depois, tudo ficou esclarecido e salva a reputação do famoso ator. Segundo divulgou um jornal parisiense, a companhia do empresário francês Amat, que representara *Fausto* na véspera do incêndio, usara um "aparelho elétrico" para produzir alguns "efeitos infernais". Horas depois, o aparelho, não se sabe como, provocara faíscas e causara o sinistro.

No ano seguinte, a peça aparecia em formato de livro, publicado no Recife. Outra vez intercediam na montagem e na edição da peça, respectivamente, a companhia de Duarte Coimbra, ainda no Recife, e a Sociedade Dezessete de Janeiro. Por isso, além de ter dedicado o livro a Duarte Coimbra, reconhecendo sua amizade e gratidão, Távora escreveu um prólogo intitulado "Não deixem de ler", no qual ressaltava, mais uma vez, a inestimável ajuda que recebera do famoso ator e diretor da companhia, afirmando que a ele devia "o sucesso que lhe dispensou a reconhecida indulgência do público do Recife". Após nomear alguns sócios, refere-se a Severino Duarte, o principal membro da Sociedade Dezessete de Janeiro, que tomou para si a iniciativa de publicar o drama *Três lágrimas*. E, proclamando sua condição de pessoa sem posses, declara que "no retiro e silêncio de minha pobreza e de minha obscuridade faço votos para que melhores tempos me conduzam ocasião de melhor provar-lhe quanto seu obséquio me deixou fundo e vivo traço de coração".

Antes aparecera no *Diário de Pernambuco* uma nota crítica assinada por Franklin Távora expressando comovido agradecimento aos amigos que o ajudaram na edição e encenação de *Três lágrimas*. Dizia: "Acabo de receber um assinalado serviço da Sociedade Dezessete de Janeiro, incumbindo-me de executar, a suas expensas, a impressão do meu drama *Três lágrimas*. Não é só um serviço, mas principalmente uma glória das mais gratas, que porventura já conto e possam ainda caber-me na minha vida literária; glória, sim, porque o ato da Sociedade foi todo espontâneo, vindo o seu aviso surpreender-me no humilde recesso de minha obscuridade; glória decerto, e sobeja honra para mim por ter despertado, tão pequeno e despretensioso, como sou, esse avanço de generosidade e essa solene prova de consideração de tão respeitáveis e beneméritos concidadãos."

Por sua vez, Aprígio Guimarães, no jornal *Opinião Nacional*, em 14 de dezembro de 1869, após algumas considerações sobre a encenação de *Três lágrimas*, de Franklin Távora, afirmava que, se por um lado o drama "tem defeitos consideráveis, por outro o trabalho tem beleza e alguns primores que lhe confirmam a reputação de um literato esperançoso".

O tema principal de *Três lágrimas* é o frustrado amor de Luiz, um jovem ator, também na época chamado de *cômico*, que vê sua amada

Adelaide ser cooptada por um rico barão, por mero interesse material. O drama ocorre no Rio de Janeiro e se arma logo no primeiro ato quando Fonseca, o pai de Adelaide, alegra-se ao verificar que, por fim, a filha aceitou viver com o barão de Sant'Anna. A atitude da jovem, na verdade, constitui uma violação do direito de livremente escolher o seu amado, pois é forçada, antes de tudo, a atender aos caprichos e interesses do pai que deseja, a todo custo, ver a filha subir na escala social. O drama se acentua quando outros pretendentes da jovem, amigos do ator Luiz, tomam conhecimento da resolução de Adelaide. O assunto chega a repercutir como escândalo justamente no baile que Fonseca realiza em sua casa numa noite de São João, ao qual comparecem os frustrados pretendentes.

Távora, nesse drama, como se deu em *Um mistério de família*, carrega nas tintas de um realismo pautado, em grande medida, pela divisa que ele adotara desde as primeiras leituras e experiências literárias. Tais pontos de vista acham-se sumariados numa *Carta crítica* que ele escrevera a propósito da peça *Estudantes do Recife*, de seu amigo Bessoni Almeida. Ali declarou que o drama, como "fiel intérprete e espelho leal a refletir os costumes das épocas, deve ser conduzido de modo a não transviar-se da sua esfera de ação".

Efetivamente, em *Três lágrimas* a ação ganha velocidade e encadeamento cênico notáveis logo no momento em que começa a peça. Seu enredo acentua a força do drama e afasta as dimensões de um possível melodrama com lamuriante tom sentimental mesclado com exagerado otimismo que, via de regra, sugere o ambiente onde se realiza o baile que consome todo o primeiro ato. Ao contrário disso, avultam nas cenas do drama, de forma veemente, algumas tensões que aceleram as correntes de uma infalível fatalidade, repentinos temores de desenlaces violentos, os quais não deixam de exercer profundos efeitos na direção de um exaltado clima de revolta contra a sociedade reinante. Esses aspectos são mais notados a partir da negação sistemática de valores intrínsecos à personalidade do ser humano, como é o caso do desdém que se manifesta em relação a Luiz, tomado como um marginal, um ser desprezível, simplesmente por ser ator. Aqui reside um exemplo de desonra que, de forma explícita, atinge também Adelaide. Essa característica negativa que o autor fez salientar ao retratar Luiz a partir da visão conservadora de seus oponentes, apesar de tudo, não foi capaz de ofuscar sua extraordinária capacidade de compreender o outro e de ver criticamente a realidade. Tudo, porém, se complicou quando ele constatou que sua amada Adelaide, em virtude da ambição do pai, fugia de suas mãos. O desapontamento atinge também os demais pretendentes – Artur, estudante pobre, poeta e autor teatral, e o funcionário público Azevedo, que não consegue sequer chamar a atenção da bela jovem.

Essas oposições dramáticas, marcadas sobretudo pela explícita interferência do pai ambicioso, que tudo faz para consolidar o vínculo amoroso da filha com o rico barão, são, a rigor, ingredientes que jogam o drama para a frente.

No enredo, porém, estão presentes outras circunstâncias que marcam, de alguma forma, o clima da vida teatral do Rio de Janeiro, quando, por exemplo, Távora traz para dentro de seu drama uma companhia teatral que atua no Teatro de São Pedro. Todo o segundo ato se passa na boca de cena desse teatro carioca. O responsável pela companhia é o empresário Coutinho, talvez o principal personagem de *Três lágrimas*. Ele é aquela figura que, atuando como se fora um *raisonneur*, profere as críticas e racionaliza as mais relevantes considerações do texto, ligando e criando as situações palpitantes, como as discussões que focalizam temas filosóficos, literários e políticos. É ele também que cresce e assoma à posição de homem corajoso e enfrenta o barão de Sant'Anna, desmascarando-o e colocando-o no seu devido lugar, isto é, o rincão dos covardes e dos desprovidos de qualquer sentimento de justiça, verdade e firmeza de caráter. Artur, o acadêmico pobre, exemplo de grande esperança da mocidade letrada, é o autor do drama ensaiado no Teatro de São Pedro, do qual Luiz é o ator principal.

Na construção dos personagens há que notar no drama de Távora a presença de pelo menos dois elementos básicos adotados com freqüência nas obras clássicas: a vinculação de personagens secundários aos principais e a preponderância do *raisonneur*. Há personagens que irradiam uma energia ou atraem outros, exercendo influências ou formando cadeias de interesse comuns ou polarizações relevantes e afins. O predomínio do *raisonneur* é notado no personagem que toma iniciativas e quase sempre assume a consciência de fatos e acontecimentos, além de refletir, de forma moralizante, como se fora a própria voz do autor. Assim, é possível notar que Coutinho, na maioria das cenas, está presente com palavras encorajadoras, ora em relação ao sofrimento de Artur, que não suporta mais a carga de sua pobreza; ora em relação a Luiz, que, em várias ocasiões, tanto se desespera que chega a ponto de perder o equilíbrio e tornar-se agressivo ou tentar mesmo matar-se por amor a Adelaide; ora pela própria Adelaide, que, incompreendida por todos, vai levando sua cruz para não desencantar a desmedida ambição de seu progenitor, enquanto vive o papel de objeto feminino que atende aos prazeres sexuais do cínico barão de Sant'Anna.

O tema da desigualdade social das pessoas envolvidas no drama não se projeta apenas através dos passos de Luiz e Adelaide. A atração amorosa que nasce entre Artur e Olímpia, a filha do barão de Serinhaém, homem bem diferente do barão de Sant'Anna, termina afirmando a regra geral no sentido de que nem todas as mulheres agem como Adelaide. Com esse lance, ademais, quase de maneira indireta, o autor instaura, na conclusão do drama, o desenlace de um final feliz, talvez para minimizar o triste fim que se anuncia com as lágrimas que serão derramadas por causa de Adelaide. Esse relacionamento de Artur com Olímpia serve também de gancho para trazer à baila o tema da libertação dos escravos, do qual Artur é um radical defensor ao lado do barão de Serinhaém, seu futuro sogro, politicamente um liberal. A política nacional, nesta altura da história, ganha também alguns momentos de crítica e julgamento, sobretudo em relação a certos comportamentos de nossos políticos, restando a impressão de que, em todos os tempos, com raras exceções, os objetivos dos senhores da política sempre são os mesmos, embora, aqui e ali, possa ser identificada a utilização de métodos diferentes.

Ainda que Adelaide, durante o seu relacionamento com o barão de Sant'Anna, chegue à conclusão de que cometera um grave erro ao atender aos ditames de seu pai, a verdade é que ela se arrepende tardiamente. A quebradeira que abala o mercado financeiro do Rio de Janeiro, arruinando até mesmo as finanças do barão, tornando-o, da noite para o dia, um homem falido e pobre, invertendo, portanto, os papéis e sua posição social, não foi condição suficiente para alterar os passos de Adelaide em direção à morte. Não só a morte moral, mas a física. Não lhe faz mais falta sequer o veneno que a devassa Georgina lhe arranjara. Seu destino está selado. E como se isso já não fosse suficiente, uma circunstância impede a reconciliação com o ator Luiz, que ainda se mostra loucamente apaixonado por sua musa: a tuberculose que se alastrou pelo seu peito de maneira devastadora. Também se revelam impotentes o perdão e a prova de incondicional amor que lhe devota Luiz. Assim, após algumas peripécias, vence a enfermidade a fortaleza daquele belo corpo e restam, no final, apenas as lágrimas da desonra para quem dedicou excessivo amor paternal em detrimento dos clamores de um coração apaixonado.

Diante do inevitável e fatal desenlace, todos os admiradores de Adelaide, inclusive seu pai, compareçem ao local de seus últimos suspiros e, de alguma maneira, curiosamente, tendem a conformar-se com aquela morte prematura. O pai, achando-se culpado, arrepende-se e vê no rosto da filha não o negror da morte, mas um sorriso sereno. E Artur, diante de suas próprias lágrimas, afirma que elas são uma verdadeira redenção. Luiz, sempre apaixonado e impulsivo, vivendo na realidade um lance teatral, quer matar-se, mas reage e sobrevive ao ouvir da boca do inteligente Coutinho esta patética sentença: "Não sabe que as lágrimas confortam?" Todos choram, porque está consumado o drama.

IV

Em conclusão, não seria de todo ocioso deixarmos aqui alguns comentários sobre a obra teatral de Távora. Em primeiro lugar, sobre a justa inserção de *Um mistério de família* e *Três lágrimas* no rol das peças fundamentais da dramaturgia brasileira; depois, ressaltar o sentido de uma possível estética realista que explica a temática perseguida naquelas obras; e, por fim, alguns ecos da crítica de época.

No que diz respeito à sua inserção cronológica na geração dos realistas, verificamos que Távora aparece como autor dramático exatamente na fase que vai de 1855 a 1865, que Artur Azevedo considerou como "incontestavelmente a mais brilhante de nosso teatro". A exemplo do que ocorreu no Rio de Janeiro, onde os lances de renovação deram-se principalmente no Ginásio Dramático a partir das encenações e também da própria criação de textos de teatro por uma geração de novos autores, no Recife, ainda que sendo uma cidade menor, mas de grande efervescência cultural, o fenômeno, mantidas as proporções, não foi diferente. O cenário de tais acontecimentos foi o Teatro de Santa Isabel. A rigor, as primeiras reações às representações que agonizavam com o gosto romântico vencido pela busca da novidade partiram de ações de dois encenadores imbuídos desses objetivos: Duarte Coimbra e Furtado Coelho. As montagens dos dramas de Távora, levadas à cena por exclusiva responsabilidade desses encenadores, foram ousadas iniciativas que se apoiavam numa estética que ainda não se afirmara no gosto do recifense. O sucesso coroou o esforço.

Em 1861, com a estréia de *Um mistério de família*, no Teatro de Santa Isabel, poder-se-ia exclamar, como o fez o folhetinista Henrique César Muzzio, no *Diário do Rio de Janeiro* em relação a atos e fatos que se passavam no Ginásio Dramático: "Começamos a ter teatro nacional." E, com efeito, o teatro realista de Távora, extremamente questionador, tocando na questão da honra ou da desonra, tema de profundas conseqüências para a sociedade da época, alcançava o mesmo diapasão das peças criadas e divulgadas no eixo Rio–São Paulo, onde jovens autores dramáticos partiam conscientemente para a execução da difícil tarefa de dar ao Brasil um repertório teatral identificado com os novos rumos do realismo.

O sentido de uma possível estética realista pode ser encontrado nas próprias palavras de Távora, escritas ainda em 1861, quando defendia que "a vida e só a vida em todas as suas diversas fases, encarada sob todos os seus pontos de vista, peripécias e alternativas, ora vivida no torvelinho alvoroçado das danças, na paz doméstica ou nos regozijos da mais santa e poética felicidade, ora passada a gotejar-se em prantos doloridos, triste e pálida ao doer do sofrimento, das privações e da miséria, ora risonha, animada, laboriosa e empreendedora, como nos fervores escandescentes da mocidade, ora trêmula, friorenta, tíbia e sem forças, como nos gelados cansaços da velhice – eis aí o que eu entendo que um drama deve representar e exprimir, desnuada e simplesmente, em todos os seus modos de manifestação; nem mais nem menos do que isso, porque a mais ligeira e superficial alteração, no meu entender, adulteraria o especial caráter do drama" (Carta crítica, de Franklin Távora, in *Idéias teatrais: o século XIX no Brasil*, de João Roberto Faria, São Paulo, Perspectiva/Fapesp, 2001, p. 544).

O eco da crítica às duas peças de Távora foi mais notado em relação a *Um mistério de família*. Boa parte dos comentários se referiram com maior insistência ao desempenho extraordinário do ator Furtado Coelho. Essa constatação, na verdade, é sintoma da força e do mérito do texto que concorreram para que as encenações acontecessem numa época em que autores de reconhecido valor tinham suas peças recusadas por grandes atores, como foi o caso de José de Alencar, que viu João Caetano recusar-se a fazer o papel principal de *O jesuíta*.

Como se observa em carta escrita por Furtado Coelho a Franklin Távora, o interesse pela representação de Antonio Ferreira, de *Um mistério de família*, foi um desejo manifestado pelo famoso ator que, a certa altura, afirmou: "Impressionado como estou pela leitura do seu mimoso drama, peço-lhe me permita endereçar-lhe um pedido, que com toda a certeza contém uma profecia, se profecia pode chamar-se a previsão de um astro, ao qual pouco falta para resplandecer com todas as galas da majestade no grandioso horizonte das letras pátrias. O pedido é o seguinte: cultive incessante e cuidadosamente o fecundo solo de sua inteligência e muito breve o nome de Franklin Távora será uma das mais distintas glórias do Brasil, uma das maiores ilustrações do teatro moderno brasileiro." E mais adiante Furtado Coelho confessa: "Tenho tanta vontade de representar o seu Antonio quanto é certo que jamais selei com o meu nome uma lisonja." (Cf. *Um mistério de família*, 2ª ed., Rio de Janeiro, Imperial Instituto Artístico, 1877.)

O crítico do *Diário de Pernambuco*, em 12 de junho de 1863, resumiu dessa forma a longa temporada de *Um mistério de família* no Teatro de Santa Isabel: "O Sr. Furtado Coelho esteve magnífico como sempre. Sob cada aspecto diverso que se apresenta, o público vê constantemente o fulgurar cintilante do gênio. Antonio é um mancebo honrado, amigo dedicado e sincero, que mede os alheios sentimentos pelos seus e não pode crer em perfídia." E sobre Franklin Távora escreveu: "Esta representação era ansiosamente esperada por quantos admiram no jovem poeta, romancista e dramaturgo, um brilhante talento, que promete tornar-se em breve uma das glórias do império da Santa Cruz. E a rápida extração que teve a primeira edição do drama, patenteando a benevolência com que foi recebido, augurava ao estudioso autor um acolhimento benigno, lisonjeiro, uma noite brilhante, memorável, uma ovação esplêndida, completa e bem merecida. Ainda bem que a realidade foi acima de toda expectativa."

Algum tempo depois, Távora anotou uma certa frustração pelo fato de *Três lágrimas* não ter sido representada no Rio de Janeiro. E o curioso é que nessa confissão já deixava antever o sentimento que o acompanharia até o fim de sua vida: a incompreensível indiferença dos homens da Corte em relação a tudo que se produzia nas províncias. Por isso, escreveu ao ator Joaquim Augusto: "Desejaria muito que este drama fosse representado aí, fazendo sempre o senhor o papel de Coutinho. Desejo vão! 'As composições da província' – dizem os elegantes da corte – 'são chatas e broncas.' E não sei se eles têm razão. Como quer que seja, eu o coloco sob seus auspícios."

Por fim, uma palavra sobre o sentido da honra, o móvel que preside *Um mistério de família* e *Três lágrimas*. Se, por um lado, no caso de Amélia há, na conclusão do drama, a reparação e um final feliz para todos os envolvidos na trama, sem prejuízo do destaque para o protesto contra a lacuna da lei penal, por outro, no caso de Adelaide, o destino foi cruel, porque, com a honra conspurcada e a saúde afetada, restou-lhe o símbolo do amor que não morre ou se apaga diante das mais adversas situações, isto é, a morte do corpo. Já Luiz, incondicionalmente apaixonado, parece conformado, tudo perdoando em nome de um sentimento maior: a memória de um amor intangível. Quimérico até. E tudo por causa de diferenças sociais aparentemente intransponíveis.

Vale não esquecer que honra é uma palavra prenhe de significados. Liga-se a ela não apenas a honradez, aquilo que se poderia traduzir por amor-próprio ou honestidade pessoal, mas vários elementos ou idéias que se espraiam pelo próprio sentido da condição humana, ou da consciência humana, tais como dignidade, apreço moral, estima, preito etc. Algo que vai além da incômoda sensação de perda da virgindade da mulher, falta tão arraigada entre nós ainda nos dias de hoje. Creio ter sido este o norte perseguido por Távora em seus dramas. Assim, a honra, em todos os casos, permeia as peripécias impostas pela vida e, quase sempre, deve ser recuperada ou restaurada. No caso de Amélia, a reparação se deu no plano da realidade palpável, a vida mesmo, quando se casou com Júlio, superando todos os obstáculos que se interpunham em seus caminhos. No de Adelaide, diante da inevitável morte, a honra ofendida foi restabelecida com a lição de humildade e arrependimento que atingiu os que lhe eram mais caros e estavam presentes no momento da sua crucial passagem a outra dimensão, como se fora um pulo na irrealidade.

De qualquer sorte, nos dois dramas as dores, as angústias e as desonras foram lavadas e purgadas com lágrimas de jovens que apenas desejavam ardentemente encontrar a felicidade através do amor.

Cláudio Aguiar

CRONOLOGIA

1842. Nasce João Franklin da Silveira Távora no sítio Serrinha da Glória (antigo Candéia), Baturité, Ceará, em 13 de janeiro, filho de Camilo Henrique da Silveira Távora, *o Indígena*, e de Maria de Santana da Silveira.

1847. A família de Franklin Távora muda-se de Baturité (Ceará) para Goiana (Pernambuco), onde, mais tarde, ainda menino, estudou as primeiras letras e assistiu no teatro local, entre outras, às peças *D. César de Bazan, Os dois renegados, A corda sensível* e *O judas em sábado de aleluia*.

1848. Inicia-se a Revolução Praieira, em Pernambuco, da qual participa ativamente seu pai Camilo Henrique da Silveira Távora, *o Indígena*, na condição de Major Comandante do 1º Batalhão Libertador, lutando ao lado de Pedro Ivo Veloso da Silveira, Nunes Machado, Borges da Fonseca, Abreu e Lima e outros. Ao mesmo tempo, sua mãe, chamada de Maria

Távora, organiza um grupo de mulheres que oferece apoio logístico aos maridos que se acham em ação revolucionária.

1849. Com o fim da Revolução Praieira seu pai é processado e julgado, passando a cumprir pena no presídio de Fernando de Noronha com outros presos, entre os quais se encontram o general Abreu e Lima e o poeta Jerônimo Vilela Tavares.

1854. Estuda com professores particulares em Goiana.

1856. Publica seu primeiro poema intitulado *Ceará*, no jornal *O Sol*, de 21 de agosto, Fortaleza, editado por Pedro Pereira.

1857. Ainda em Goiana estuda as matérias fundamentais exigidas para o exame preparatório à Faculdade de Direito do Recife com o Dr. Luiz Gonçalves da Silva, advogado e professor de sólida formação intelectual.

1858. É aprovado no exame preparatório ao curso de Direito.

1859. Ingressa na Faculdade de Direito do Recife.

1860. Passa a trabalhar como revisor de provas de jornal e a colaborar ativamente em vários outros periódicos, sobretudo em *Onze de Agosto*, mantido pelos estudantes da Faculdade de Direito, e *Ateneu Pernambucano*, do qual foi membro efetivo da redação.

1861. Publica *A trindade maldita* (*Contos no botequim*), no *Diário de Pernambuco*, inspirado em *Noite na taverna*, de Álvares de Azevedo. O drama *Um mistério de família* é encenado sob a direção de Duarte Coimbra no Teatro de Santa Isabel, tendo logo depois o famoso ator Furtado Coelho no papel principal de Antonio e ficando em cartaz até 1863. A montagem recebe o apoio da Sociedade Dezessete de Janeiro, integrada por estudantes cearenses radicados no Recife.

1862. O romance *Os índios do Jaguaribe* é publicado no *Jornal do Recife*. Funda o jornal *O Americano* com Tobias Barreto.

1863. Conclui o curso de Direito. Continua a trabalhar no *Jornal do Recife*. Escreve *A casa de palha* (romance), publicado em folhetins no *Jornal do Recife*.

1864. Monta banca de advocacia em Porto Calvo, Alagoas.

1866. Com a morte de seu pai, Camilo Henrique da Silveira Távora, *o Indígena*, desencanta-se da advocacia e retorna ao Recife. Assume responsabilidades editoriais na redação do *Jornal do Recife*, de propriedade de José de Vasconcelos.

1867. É eleito Deputado Provincial pelo Partido Progressista à Assembléia Provincial de Pernambuco. Por iniciativa do Presidente da Província de Pernambuco, Conselheiro Francisco de Paula da Silveira Lobo, é nomeado Diretor-Geral da Instrução Pública.

1868. Franklin Távora é duramente atacado pelos políticos integrantes do Partido Conservador em Pernambuco, iniciando-se a polêmica que passou a ser conhecida como "Liberdade de Ensino". Publica *Um casamento no arrabalde* (romance). Morte do general Abreu e Lima, ocasião em que Franklin Távora profere comovente discurso ao lado de seu túmulo no Cemitério dos Ingleses, uma vez que o bispo D. Cardoso Ayres não permite que o morto seja enterrado em cemitério católico. Durante três meses exerce o cargo de Curador Geral dos Órfãos do Recife.

1869. Encenada no Teatro de Santa Isabel a peça *Três lágrimas* (drama em 3 atos e 7 quadros) sob a direção de Duarte Coimbra.

1870. Publicação do drama *Três lágrimas* pela Tipografia Mercantil de C. E. Muhlert & Cia.

1871. Franklin Távora inicia a série de *Cartas a Cincinato* criticando a obra de José de Alencar, em colaboração com o crítico português José Feliciano de Castilho, então radicado no Rio de Janeiro.

1872. Publicadas em livro as *Cartas a Cincinato*, por J. W. de Medeiros, Livreiro Editor, Pernambuco/Paris. Franklin Távora funda e dirige o semanário *A Verdade*, que serve à causa dos maçons, iniciando nele a polêmica com o bispo D. Vital, a qual passa à história como "A Questão Religiosa".

1873. Franklin Távora casa-se com a jovem Alexandrina Teixeira.

1874. Troca de intensos ataques e contra-ataques pela imprensa, igrejas e praças do Recife entre os seguidores de D. Vital e os maçons aliados a Távora sob a bandeira do jornal *A Verdade*. Franklin Távora viaja com a família para Belém do Pará, onde exerce as funções de Secretário do Governo daquela Província. No final do ano muda-se definitivamente com a família para o Rio de Janeiro, indo morar no bairro Engenho Novo, hoje Meyer. Contando com a ajuda do conselheiro João Alfredo de Oliveira torna-se funcionário da Secretaria do Império.

1875. Passa a colaborar ativamente na revista *Ilustração Brasileira* editada por Henrique Fleius; revista publicada nos moldes da *Ilustrated London News*.

1876. Publicado o romance *O cabeleira*, por H. Garnier, Livreiro-Editor.

1877. Surge a segunda edição de *Um mistério de família*, com prefácio de L. F. Maciel Pinheiro, carta de Furtado Coelho e longa nota prévia do autor publicada pelo Imperial Instituto Artístico.

1878. Torna-se redator-chefe da *Revista Brasileira*, em segunda fase, editada por Nicolau Midosi. Publicado o romance *O Matuto*.

1879. Aparecem *Lendas e tradições do Norte* e o romance *Sacrifício*, de Franklin Távora, publicados em capítulos pela *Revista Brasileira*.

1880. Ingressa no Instituto Histórico e Geográfico Brasileiro do Rio de Janeiro.

1881. É publicado o romance *Lourenço*, por H. Garnier, Livreiro-Editor.

1882. Falece no dia 11 de dezembro sua esposa, D. Alexandrina Teixeira, aos 26 anos, sendo enterrada no Cemitério do Caju. Franklin Távora é indicado orador oficial do Instituto Histórico e Geográfico Brasileiro em substituição ao escritor Joaquim Manuel de Macedo. Dá por encerrado seu trabalho de editor da *Revista Brasileira*, chegando ao fim a importante fase dessa famosa revista literária.

1883. Funda com outros escritores a Associação dos Homens de Letras do Brasil, entidade que não foi adiante, mas que, em 1897, ressurge sob a direção de Machado de Assis com a denominação de Academia Brasileira de Letras, da qual Franklin Távora passa a ser patrono da Cadeira 14.

1885. Em 7 de março casa-se, em segundas núpcias, com Leopoldina da Conceição Martins. No final do ano morre Manuel, primeiro filho deste casamento.

1886. Eleito para o cargo de Primeiro Secretário do Instituto Histórico e Geográfico Brasileiro, acumulando-o com as funções de Orador do mesmo Instituto.

1887. Indicado diretor da *Revista Trimensal* do Instituto Histórico e Geográfico Brasileiro. Em 14 de março morre sua mãe, D. Maria Távora, sendo enterrada no Cemitério de São João Batista, no Rio de Janeiro.

1888. No início de agosto, levado pelo desespero, Franklin Távora joga ao fogo seus originais inéditos, entre os quais se encontravam a *História da Revolução de 1817*, *História da Revolução de 1824*, o volume de crítica *O norte*, *Os picos* (episódios de uma festa), o drama *O pântano*, *O praieiro* (episódio da guerra dos Cabanos), *Os patriotas de 1817* (do qual escapou um capítulo publicado na *Revista Brasileira*) e muitos outros títulos. Às 18h30 do dia 18 de agosto morre Franklin Távora em sua casa da Rua do Paissandu, n.º 64, no Flamengo, Rio de Janeiro, vítima de violenta hemoptise (ruptura de aneurisma), sendo enterrado no Cemitério do Caju.

NOTA SOBRE A PRESENTE EDIÇÃO

Para a reprodução de *Um mistério de família* foi utilizada a segunda edição publicada no Rio de Janeiro, em 1877, pelo Imperial Instituto Artístico.

O texto do drama *Três lágrimas* é o da primeira edição, publicada no Recife, em 1870, pela Tipografia Mercantil de C. E. Muhlert & Cia.

Convém notar que, em ambos os textos, apenas se atualizou a ortografia, sendo que, diante de poucos casos de gralhas ou erros tipográficos, foram feitas as devidas correções sem que com isso haja qualquer prejuízo de conteúdo ou de sentido para sua compreensão.

UM MISTÉRIO
DE FAMÍLIA

Drama em três atos

Representado pela primeira vez no
Teatro de Santa Isabel,
a 2 de dezembro de 1862, no Recife.

PRÓLOGO DA SEGUNDA EDIÇÃO

Este drama não teria talvez nova impressão se não fora a benevolência dos Srs. Carlos e H. Fleiuss, incansáveis amigos das nossas letras.

Não pertenço ao número dos que se mostram inteiramente descrentes da restauração da arte dramática entre nós, embora seja eu o primeiro a reconhecer que ela anda abatida e conspurcada e que os nossos teatros, outrora templos em cujas aras se sacrificava às musas gentis e verdadeiras, pouco diferem hoje, com raras exceções, das barracas de pano sarapintado, em que os pelotiqueiros dão representações por baixo preço à plebe, ou quando muito à burguesia das aldeias, amante do maravilhoso, ordinariamente ridículo e materializador.

Não por descrer da sorte do teatro, visto que acredito que no momento do maior perigo ele se salvará do naufrágio, bastando para isso, como para a salvação das nossas letras em geral, o esforço de alguns timoneiros, mas por me parecer que está longe de merecer as honras de uma segunda edição o presente trabalho, honras a que somente têm direito as obras de reconhecido preço, eu não me animaria jamais, confiado em mim unicamente, a cometer hoje as ondas da publicidade em tão frágil batel.

O que este drama vale eu o sei melhor do que ninguém. Nem me cegam nem cegarão jamais a consciência palavras benévolas, aplausos generosos, mais animadores do que justos, de nobres espíritos, inclinados a incitar a mocidade corajosa a conquistas arriscadas.

Eu o considero mais um ensaio, do que uma obra acabada, que possa passar pelas provas de uma representação a que assistam entendidos.

Quando o escrevi, tinha dezoito anos de idade, e era profundamente ignorante das literaturas, principalmente da literatura dramática. Foi algum tempo depois da época apontada que tive ocasião de estudar e admirar a grandeza do teatro grego nas monumentais composições de Ésquilo, Eurípides, Sófocles e Aristófanes; o movimento e as paixões do originalíssimo teatro espanhol nas de Calderón, Lope de Vega e Alarcón, e de reconhecer, com um crítico altamente competente, que o teatro francês está em grande dívida ao espanhol; a energia e a majestade sombria do teatro inglês nas tragédias, não direi inexcedíveis, mas inimitáveis de Webster e de

Shakespeare; a elevação, às vezes pesada na poesia de Gil Vicente e de Antônio Ferreira, sempre graciosa, delicada e terna na prosa louçã e flexível de Garrett, do drama português, brilhantemente representado em nossos dias por Mendes Leal, C. Castello Branco e A. Ennes.

Por que não hei de declarar a verdade inteira? Eu não tinha lido sequer o *Frei Luís de Sousa*, drama ou tragédia com a qual nenhuma outra se compara na literatura portuguesa, nem sob o aspecto do sentimento, nem sob o da correção, naturalidade e encanto da catástrofe, saída já dramática e grandiosa do ventre da crônica, a uso da Minerva, que nasceu armada da cabeça de Júpiter. É porém verdade que, se eu o tivesse lido então, não o teria compreendido. E já que vem aqui muito naturalmente ao nosso caso, referirei o que se deu comigo quando pela primeira vez li esse singular trabalho, em que se vê fundamente impresso o selo, assim do espírito, como do coração moderno, sabiamente retrotraídos pelo prestimoso escritor à época em que viveram Manoel de Souza Coutinho e D. Magdalena de Vilhena. À primeira leitura o *Frei Luís de Sousa* pareceu-me nada menos do que uma sensaboria; a ternura, a grandeza, a verdade, a originalidade, a singeleza, a perfeição que constituem esse primoroso monumento do nosso idioma, só se me revelaram depois, quando eu já tinha gosto e educação literária bastantes para que me impressionasse a beleza, a moral, a heroicidade do coração de Manoel de Souza Coutinho, coração que ainda por nenhum foi excedido na compreensão da dignidade humana, coração que poderia bater, livre e nobremente, entre as arcas do peito de Catão.

Contarei em poucas palavras a história do presente trabalho.

Em outubro de 1861, o meu amigo Bessoni de Almeida, membro de uma associação teatral que se organizara em Olinda, pediu-me que escrevesse um drama de poucos atos no qual não entrasse senão uma ou duas damas, a fim de ser ali representado. Satisfiz o meu compromisso, lendo em presença do meu amigo e de outros, a cabo de dez dias, o trabalho a que denominei UM MISTÉRIO DE FAMÍLIA.

Por então tinha eu sido apresentado ao ator português, Sr. A. J. Duarte Coimbra, empresário do teatro de Santa Isabel. Esta circunstância pareceu a Bessoni, amigo generoso, favorecer a representação do ensaio dramático, ainda por limar, no primeiro teatro da província. O certo é que, na noite de 2 de dezembro, o drama recebia das mãos de uma platéia pública e numerosa a consagração, que o habilitou a aparecer pela imprensa o ano seguinte. Em testemunho de minha dívida àquele que tão liberalmente me abrira a porta, por onde, pela primeira vez, o público me sobrecarregara com seus favores, ofereci ao digno empresário a propriedade da obra, de que ele fora o primeiro encosto, tomando parte na representação, e não poupando boa vontade para que ela tivesse, como teve, aceitação ampla e estrepitosa.

Não era de todo pobre de sentimento, mas estava tosco, informe, incorreto o drama; o português era em alguns pontos detestável, o estilo desigual. Tomando-o ultimamente nas mãos para o rever, e relendo-o depois de tantos anos, tive uma nova prova de que sem estudo, meditação e tempo suficiente para se descobrirem os defeitos naturais da primeira mão-de-obra, poder-se-á ter o resultado de uma grande inspiração, o produto do talento em um dos assomos de sua espontaneidade grandiosa, nunca porém se há de ter uma obra de arte, um todo completo, acabado, que resista ao exame do mestre e à análise do crítico, por benévolos que sejam estes. Não se consegue de um jato a perfeição artística. Nas inspirações do gênio humano prepondera a mesma lei que domina nas erupções vulcânicas: com a chama que incendeia e ilumina, vêm as fezes sórdidas da matéria.

Essas fezes, que são como um acessório fatal, foram o que me esforcei para afastar, nesta edição, da inspiração e do esforço natural.

Por indicação da crítica, fiz grandes correções e por meu próprio impulso muitos acrescentamentos.

Imaginei cenas inteiramente novas, e até um novo personagem. Dessas cenas algumas estão figurando no lugar das que me pareceu serem defeituosas ou fracas; outras estão servindo de elo a lances que se não prendiam senão por meio de rudes transições.

Sem embargo destas profundas alterações e vastos aumentos, vêem-se ainda no drama cenas tão chãs, que poderão talvez afigurar-se vulgares e sem sabores aos exigentes. Devo porém declarar que se eu tivesse, não de rever um drama feito, mas de escrever um drama inteiramente novo, não figurariam nele cenas e diálogos diferentes dos que aí foram deixados, de propósito deliberado, por parecer que interpretam fielmente a classe e as condições da vida dos respectivos personagens.

A inspiração, o pensamento, a alma do drama primitivo, esses são os mesmos; julguei-me obrigado a respeitá-los e transmiti-los sem mutilações, e unicamente com rápidos retoques nos pontos em que se exigia mais desenvolvimento, clareza e exatidão.

Por isso debalde se buscará neste trabalho uma situação difícil, não segundo a natureza, mas segundo a arte. Nenhum lance foi aqui engendrado de propósito para produzir efeito. Filho de um esforço natural e de uma ignorância unicamente atenuada pelo gosto que desde os primeiros anos me inclina para as letras, o que neste drama se possa achar delicado ou patético deverá ser atribuído, menos ao estudo antecipado e à combinação prévia da visão artística, do que à espontaneidade do pensamento ou da ação, que se deixou correr livremente, e à qual se confiou o encargo de se fazer por si mesma interessante ao público. O sr. Ernesto Biester, que, notando alguns defeitos, teve para este drama várias palavras de animação e favor, é o primeiro que afirma ser "a ação naturalmente conduzida até ao desenlace"[1].

O primeiro mérito porém, senão o único deste trabalho, a meu parecer, manifesta-se logo a todas as vistas. O povo encontra nele episódios de sua vida de dores e lágrimas; lê nas páginas da obra uma página da longa história dele, história em que os dissabores e as aflições sobrepujam, pelo número e pela intensidade, aos prazeres, de ordinário rápidos no seio da humanidade, quanto mais no coração daquela parte dela, da qual são essas aflições o mais natural e avultado patrimônio.

Em atenção a terem sido escritas de livre vontade e espontaneamente dirigidas a mim por seus autores, julguei dever de cortesia reproduzir as cartas que precedem a este prólogo*.

A primeira dessas cartas está assinada pelo Dr. L. F. Maciel Pinheiro, que, tanto na imprensa política do norte, da qual é um dos mais conspícuos ornamentos, como na literária onde, por má sorte da nossa crítica, poucas vezes tem aparecido, posto que sempre com grande bri-

---

1. Vide o número de abril de 1862 da *Revista Contemporânea de Portugal e Brasil*.

* Optamos por não transcrever estas cartas. (N. do Org.)

lho, está acostumado a julgar os homens e as coisas com a mesma severidade de sentimentos e alteza de caráter que hoje fazem dele um dos magistrados que mais honram o nosso país.

O nome ilustre que firma a outra, só por si é uma autoridade: é Furtado Coelho, essa grande musa do nosso teatro, que donde quer que desprenda os seus inspirados vôos, reunirá sempre, para que lhe admirem a altura e a grandeza, como está acontecendo atualmente no Cassino, o escol da sociedade versada nos primores e monumentos dos primeiros mestres em letras e artes.

Eu não posso concluir este prólogo sem agradecer aos Srs. Fleiuss a honra e atenções com que me distinguiram, não poupando esforços nem despesas para que este livro saísse das suas oficinas com a nitidez e perfeição de que elas têm dado os mais formosos e admiráveis modelos.

Rio, 7 de agosto de 1877.
FRANKLIN TÁVORA

PERSONAGENS

CARLOS PEREIRA, médico
ANTONIO FERREIRA, tipógrafo
JÚLIO, estudante
JERÔNIMO, fazendeiro
AZEVEDO, negociante
ANSELMO, meirinho
VICTOR, criado de Jerônimo
JOSÉ, menino pobre
AMÉLIA, irmã de Antonio Ferreira
FLORINDA, mulher pobre

Época, a atualidade.
Lugar da cena, o Recife.

ATO PRIMEIRO

(*Casa pobre. Da boca até o meio da cena, o teatro mostra-se livre em toda a largura; daí para diante está dividido, ficando à direita a sala, com porta e janela de gelosia no fundo, e à esquerda um compartimento fechado, com porta praticável para a sala. À direita B uma porta que leva ao corredor. É dia.*)

Cena I

ANTONIO
(*só, ouvindo as últimas pancadas de um relógio, senta-se no canapé onde, ao levantar do pano, apareceu adormecido com a cabeça reclinada sobre uma almofada*)
Oh, meu Deus! Que claridade, que luz é esta? Ah! Não me engano. É dia claro! (*afirmando a*

vista na gelosia) O sol está fora e bem alto já. (*levantando-se*) Bem dizem que o sono é ladrão. Ando também tão tresnoitado! (*chamando*) José? José? (*consigo*) Como teria amanhecido minha mãe? Pobre mãe!

Cena II

Antonio, José

José
(*entrando*)
Vosmecê me chamou?

Antonio
Chamei. Não fizeram o que eu disse, e deixaram-me dormir a sono solto. Passou da hora de dar o remédio a minha mãe. Tê-lo-iam dado em tempo?

José
Eu quis acordar vosmecê... Sinhá Amélia foi que não quis.

Antonio
Como amanheceu minha mãe?

José
Assim mesmo.

ANTONIO
O doutor não veio ainda?

JOSÉ
Ainda não, senhor.

ANTONIO
Faltou à promessa que me fez, de vir hoje muito cedinho! Ora! Quem sou eu para merecer que se lembrem de mim, de minhas agonias, de minha miséria? Quem sou eu, oh! Meu Deus?! (*pausa*) Se eu pudesse ter para os grandes opinião e capricho, eu os teria, nunca, porém, em momentos semelhantes a este, momentos de angústia cruel. Mas eu não tenho razão de dizer mal dele que se tem mostrado na doença de minha mãe, sempre dedicado e diligente como o melhor amigo. Vai, corre logo à casa do doutor. É preciso que ele a venha ver sem detença (*José sai*).

Cena III

ANTONIO
Que triste amanhecer, meu Deus! É o amanhecer do pobre. Ainda bem que na luz do dia vem a esperança, e na esperança um raio da misericórdia de Deus. Se não fora isso como não havia de ser cruel para mim esse sol, essa luz, que faz bem clara a minha dor, bem vivo o meu desespero?!

Cena IV

ANTONIO, AMÉLIA

AMÉLIA
(*pela esquerda*)
Já de pé, mano?

ANTONIO
Como está minha mãe? Melhor? Melhor?

AMÉLIA
Não se assuste. Mas parece-me que ela amanheceu muito ruim, mano, muito ruim!

ANTONIO
Que está dizendo, que é que diz? Não lhe fez bem nenhum o remédio que o doutor receitou de noite?

AMÉLIA
Nenhum, nenhum bem. Passou o restante da noite inquieta e agoniada. Sobre a madrugadinha foi que sossegou um pouco. Mas que sossego! Aquilo não é repouso, nem melhora, nem sintoma de alívio. É fraqueza, prostração; é talvez... oh meu Deus!

ANTONIO
Amélia, você não estará, sem o querer, exagerando o estado dela? (*de si para si*) Ela não exagera, não. Dali a acabar-se há um passo.

Amélia
Antes fosse assim. Olhe, mano. Há pouco voltou-lhe o terrível acesso, e quase que a vi render-se ao mal.

Antonio
Por que não me chamou?

Amélia
Você tem velado tanto estas últimas noites que não me animei a privá-lo de algumas horas de repouso. Tenho medo, mano, que você venha também a adoecer.

Antonio
Que tinha que eu... adoecesse... e que morresse?

Amélia
Não diga isto. Pois isto é coisa que você diga?!

Antonio
Digo, sim. Para que presto eu?

Amélia
Meu Deus! Pois ainda seria pequena a dor que nos trouxesse a morte de minha mãe?! Virgem Maria! (*chora*)

ANTONIO

Tem razão, tem razão. Se eu também morresse, que seria de você, Amélia? Pobre irmã! Não chores. Tem paciência, como eu. Sê forte e crente, anjo infeliz. Enxuga estas lágrimas que me comovem e aterram, porque elas se me afiguram o prenúncio de uma dor imensa. Vem comigo. Vamos ver a mãezinha. Vamos.

Cena V

ANTONIO, AMÉLIA, FLORINDA

ANTONIO
(*a Florinda*)
Alguma novidade?

FLORINDA
Vosmecê não quer ver a doente?

ANTONIO
É o que eu ia fazer. (*sai pela esquerda. Amélia que o acompanhou até a porta, volta*)

AMÉLIA
Como me custa ver minha mãe em tal estado! Falta-me o ânimo. Ai, sinhá Florinda! (*inclina a cabeça, chorando, sobre o ombro de Flo-*

rinda) Minha mãe quase arrancando, e eu... eu... oh! Quero desabafar-me. Se estas lágrimas não correrem com toda a liberdade, morrerei afogada, antes de minha mãe, pela dor que as gera. Elas talvez possam lavar a nódoa que tenho na face.

Florinda
Grande erro, moça, grande erro foi o seu!

Amélia
Foi desgraça, foi destino. Você bem sabe... Sabe tudo. Erros há que trazem a felicidade; o meu é que me havia de trazer a desgraça! É sorte minha. Para escutar a voz de meu amor, cerrei os ouvidos aos conselhos e os olhos aos exemplos daquela que me deu o ser e que do leito da morte, ainda ontem me dizia: "Não te deixes enganar pelas tentações do mundo, minha filha. Olha. O primeiro preço, o maior brilho da mulher é a sua pureza." E eu esqueci estas palavras que minha mãe me tem dito tantas vezes, e deixei-me arrebatar pela paixão que me perdeu! Começo já a sentir as funestas conseqüências de minha fragilidade criminosa. Por fatalidade é muito tarde já para que eu deixe de ser desgraçada. Ah, sinhá Florinda. Como eu invejo a sorte de minha mãe, de minha mãe, que está quase a expirar! (*chora*)

ANTONIO
(*dentro*)
Sinhá Florinda? Sinhá Florinda? (*Amélia e Florinda encaminham-se para a esquerda. Batem de fora. Amélia volta, enquanto Florinda desaparece*)

AMÉLIA
Estão batendo. (*encaminha-se para a porta do fundo*)

Cena VI

AMÉLIA, JÚLIO

JÚLIO
(*trazendo livros consigo*)
Amélia, tem passado bem?

AMÉLIA
Ah! Era você? Posso passar bem, Júlio? Tenho tantos motivos de inquietação e desgosto...

JÚLIO
Como está sua mãe?

AMÉLIA
Pior, muito pior.

Júlio
O Ferreira?

Amélia
Está à cabeceira dela. Quer que o vá chamar?

Júlio
Ainda não.

Amélia
Se soubesse como é grave o mal dela!

Júlio
Há de ficar boa, há de ficar, para abençoar o laço que nos prende um ao outro – o nosso amor.

Amélia
Só um laço nos prende, Júlio; esse laço é o meu amor, o meu; porque eu não sei se você me tem amor; não sei.

Júlio
Não diga isso, Amélia. Muito mal julga de mim.

Amélia
Que lhe hei de dizer? Como é que o devo julgar? (*como de si para si*) Nem a razão, nem a justiça quer ele que estejam de meu lado quan-

do comigo está a desgraça, que foi o presente com que me brindou!

JÚLIO
Amélia, você está louca!

AMÉLIA
Diz bem. Eu estou louca desde o momento em que consenti na minha desgraça irreparável. Louca! Mas não vê que eu tenho sobeja razão de ter já enlouquecido!

JÚLIO
Não é tanto assim. Você sabe que eu não sou um vilão.

AMÉLIA
O que eu sei – quer que lho diga? –, o que eu sei é que sou uma vilã, indigna até do meu próprio desprezo, quanto mais do seu!

JÚLIO
Eu não a desprezo nem a desprezarei nunca.

AMÉLIA
Se me desprezasse matar-me-ia; mas no seu desprezo não haveria senão a punição de minha falta e um grande exemplo para aquelas infelizes cujo amor puro e santo não lhes permite ver a distância que as separa dos seus algozes.

JÚLIO
Peço-lhe, por Deus, que não me compare com um algoz, Amélia. Os algozes não amam suas vítimas.

AMÉLIA
Não estará dizendo coisas que não sente? Eu não duvido de suas palavras; mas... É que eu temo por mim e por você mesmo.

JÚLIO
Eu não trago uma máscara afivelada na face, Amélia. Voto-lhe, acredite nas minhas palavras, voto-lhe um amor cuja sinceridade não é menor do que a imensidade dele. Longe estaria eu daqui neste momento se lhe não consagrasse o amor que lhe digo. A promessa, que lhe fiz, de unir minha mão à sua para sagração exterior do laço que prende interiormente os nossos corações, essa promessa há de cumprir-se, porque minha honra o exige e eu o quero. Não duvide de mim nem descreia de meus juramentos.

AMÉLIA
E seu padrinho? Pensa que eu não sei que ele se opõe à felicidade que você me assegura e espera realizar?

JÚLIO
Não há de acontecer o que ele talvez pensa, nem o que você receia. Eu não estou sujeito aos

caprichos de ninguém. Meu padrinho, se julga que há de levar a sua avante, engana-se, e há de ter o desengano.

Amélia
(*com dor*)
Tenha dó de mim, Júlio. Sou uma desgraçada mulher. (*chora*) Mas eu o amo tanto... tanto...!

Júlio
(*pegando-lhe da mão*)
Você não é desgraçada; você é um anjo, anjo de bondade e beleza, anjo do céu enviado à terra para me ensinar o caminho da felicidade, para gozá-la comigo no mundo, para completá-la depois, sempre unida a mim, na mansão celestial. (*batem à porta*) Entro para o quarto de sua mãe. (*entra*)

Cena VII

Amélia, Doutor, Antonio

Doutor
(*a Amélia*)
Vejo em seus olhos indícios de lágrimas, minha senhora. Será possível que sua mãe... Creio que não chegou ainda o momento do trânsito final.

Amélia
Ainda não, doutor. Mas vejo-a tão mal que já não me resta esperança de que ela se salve.

Doutor
(*consigo*)
Leio na fisionomia dela o arrependimento e o desespero. (*a Amélia*) Não está aí o Sr. Ferreira?

Amélia
Está à cabeceira da enferma. Permita-me que o vá chamar. (*dentro*) Mano, aí está o doutor.

Doutor
(*consigo*)
Infeliz criatura! Como a flor a que o tufão arrebatou a delicada fragrância, perdeu ela o seu primeiro encanto, que nunca mais há de voltar. (*a Antonio, que entra*) Então, meu amigo, como vai nossa doente?

Antonio
Parece que seus dias estão já contados. Teve febre e delírio durante a noite; ao amanhecer veio-lhe prostração mortal, depois inquietação. A febre sempre.

Doutor
Não se assuste com o que lhe vou dizer. Ela está mal. É talvez um caso perdido.

ANTONIO
Vamos vê-la, doutor.

DOUTOR
Por que não? Vim a isso.

ANTONIO
Desculpe-me tê-lo mandado incomodar tão cedo.

DOUTOR
Ora, meu amigo. Em estarmos à disposição dos que padecem consiste a nossa vida, a vida do médico. Pena tenho eu de não poder poupar ao senhor tamanho golpe. Não há maior neste mundo. Perder mãe ou pai é perder o sumo bem da terra.

ANTONIO
Doutor! Suas palavras aterram-me.

DOUTOR
É preciso antes de tudo ter bem presente no pensamento que Deus é bom e imensa a sua misericórdia.

Cena VIII

ANTONIO, DOUTOR, JÚLIO

JÚLIO
(*saindo do quarto*)
Sr. Doutor.

DOUTOR
(*correspondendo ao cumprimento*)
Bom dia. (*a Antonio*) Vamos vê-la. (*logo que Antonio e o doutor desapareçam, aparece Florinda*)

Cena IX

JÚLIO, FLORINDA

FLORINDA
(*entrando*)
Coitadinha! Duvido que se levante daquela.

JÚLIO
Cruel fatalidade pesa sobre esta família, digna de melhor sorte.

FLORINDA
E ainda de mais a mais... a desgraça de sinhá Amélia. Olhe, seu Júlio. Condoa-se da pobre moça.

JÚLIO
E que pensa você de mim, sinhá Florinda? Acha-me capaz de ter neste negócio, ou em

qualquer outro, um procedimento indigno do homem que se preza?

FLORINDA
Não quero dizer isto.

JÚLIO
Amélia há de ser minha mulher. O que eu devo a ela hei de pagar-lhe com a minha mão. E a minha dívida é tão grande que só do modo que lhe digo poderá ficar de todo paga. Sou pobre, mas moço; não tenho meio de vida, mas trabalho não falta ao homem que não conta senão consigo para preencher os encargos da família. Eu tenho ouvido dizer muitas vezes que no lar do pobre mais depressa se senta a felicidade, do que no lar do rico. Cuida que já não pensei na primavera que há de encher a nossa casa de flores e sorrisos? Amélia será a primeira rosa do meu jardim. Os filhos, que necessariamente terão de vir, esses serão os jasmins, as madressilvas, os lírios, as violetas do nosso encantado éden. Diz a escritura que Adão trabalhou depois de ser expulso do paraíso. Pois olhe, a mim acontecerá o contrário. O meu trabalho, visto que eu não tenho por mim outra providência, é que me há de dar mesa para mim, para Amélia, para os pequenos, e até para você se nos quiser fazer companhia. Ele é que me há de dar o paraíso.

FLORINDA
Deixe-se de graças, moço.

JÚLIO
Estou falando sério. Graça há de você ver em nossa casinha. Há de ser graça, riso, prazer por todos os cantos. Eu imagino para todos nós uma estação só, uma estação que não será nem inverno, nem verão, nem outono, mas primavera sem fim, primavera eterna.

FLORINDA
Deus o ouça, seu Júlio. Só assim ficarão pagas as lágrimas que sinhá Amélia tem chorado por seu respeito. (*indicando-o*)

JÚLIO
Diga-lhe que descanse. O futuro virá provar que nem eu me engano a mim, nem estou enganando a ela.

FLORINDA
Permita Deus que o senhor fale pela boca de um anjo. (*pausa*) Dê-me licença, que tenho de levar um copo d'água. (*sai pela direita enquanto José entra pela porta do fundo*)

Cena X

JÚLIO, JOSÉ

JOSÉ
Oh! Já está por aqui?

JÚLIO
(*que, indo a sair, pára, ao encontrar-se com José*)
Donde vens tão cedo?

JOSÉ
Fui chamar o doutor.

JÚLIO
Vadio! O doutor está aqui há bem um quarto de hora, e tu agora é que chegas!

JOSÉ
Andei vendo se arranjava alguns cobres. (*ingenuamente*) Já viu hoje sinhá Amélia? Ela tem chorado muito, muito.

JÚLIO
De que tem ela chorado tanto?

JOSÉ
De quê?... Eu sei lá. (*ingenuamente*) Seu Júlio, tem aí um vintém que me dê?

JÚLIO
Para que queres vintém, José? Não te dei ainda ontem dinheiro?

JOSÉ
Deu, mas eu queria mais.

JÚLIO
Para quê? Para botares fora.

JOSÉ
Não senhor. Eu ia logo na carreira comprar um pão para comer. Hoje aqui ninguém almoça, ninguém.

JÚLIO
Pode ser isso que estás dizendo? Mentiroso!

JOSÉ
Não estou mentindo, não. A doente não almoça porque ela já não come nada; os que querem almoçar não têm o quê.

JÚLIO
Falador! Deixa-te de invenções.

JOSÉ
Não é invenção, seu Júlio. Depois que a velha caiu doente, a gente tem passado muita fome, porque todo o dinheiro que seu Totonio apanha é pouco para gastar com ela.

JÚLIO
(*consigo*)

Oh meu Deus! Nunca imaginei que fosse tamanha a pobreza desta casa.

JOSÉ

Não dá o vintém, não?

JÚLIO
(*dando-lhe dinheiro*)
Toma esta cédula.

JOSÉ

De quanto é? Eu não sei ler. Não conheço esses dinheiros grandes.

JÚLIO

É uma cédula de dez mil réis. Vê bem que emprego lhe dás.

JOSÉ

Não quero cédula, não. Antes me dê cobre.

JÚLIO

Por quê?

JOSÉ

Porque sinhá Amélia, vendo este dinheiro em minha mão, pergunta logo onde foi que o achei; e se souber que foi vosmecê que me deu ele, briga comigo.

JÚLIO
Pois não seja esta dúvida; ensino-te um meio de saíres perfeitamente do embaraço. Sai agora mesmo e volta daqui a pouco. Então lhe dirás que achaste o dinheiro na rua.

JOSÉ
E o senhor não conta nada a ela, não?

JÚLIO
Que pergunta! Faze o que te digo.

JOSÉ
Pois sim. Vou já em um pulo.

JÚLIO
Uma coisa te encomendo. Não entres antes de eu ter saído.

JOSÉ
Deixe estar.

JÚLIO
Que esperas? Vai logo.

JOSÉ
O senhor também saia logo.

JÚLIO
Estou de caminho. (*José sai pelo fundo*)

Cena XI

JÚLIO
(*só*)
Quanta miséria, meu Deus! Mas quanta resignação, quanta honra no meio dessa miséria imensa!

Cena XII

JÚLIO, ANTONIO, DOUTOR

JÚLIO
(*a Antonio*)
Que diz o doutor do estado de D. Mariana?

ANTONIO
(*o semblante abatido*)
Nenhuma esperança resta de salvação. Meu Deus! Meu Deus!

JÚLIO
Tenha coragem, meu amigo.

ANTONIO
Hei de tê-la, que Deus não me há de desamparar. (*pausa. Ouve-se soar um relógio*)

Júlio
(*vendo as horas no relógio que traz*)
Só tenho um quarto de hora para chegar à Faculdade. (*apertando a mão de Antonio*) Até logo. Dentro em pouco estarei de volta por aqui. (*sai*)

Doutor
(*que se sentou a uma mesa para escrever*)
Vamos ver se com este remédio conseguimos aplacar-lhe a inquietação. (*pausa*) Esse moço, que acaba de sair, é amigo, Sr. Ferreira?

Antonio
Tenho-o nesta conta.

Doutor
(*escrevendo*)
Isto de amigos hoje! Tem o que se lhe diga.

Antonio
Assim é, mas nem todos são falsos. Sabe de alguma coisa que desabone o Dr. Júlio?

Doutor
(*levantando-se*)
Eu não sou boa coisa, como se diz, Sr. Ferreira; sou desconfiado, exigente, ríspido. Nunca me quis casar. Se tivesse família, não consentiria jamais que ninguém pusesse os pés em minha

casa daquela porta para dentro. (*indica a porta do fundo. José entra e desaparece pela esquerda*) Não é que eu faça má idéia desta ou daquela determinada pessoa. Do que eu faço juízo desfavorável é do tempo, é do ar pestilencial que respiramos, é da atmosfera de corrupção que nos envolve a todos nós.

ANTONIO
Diz bem. É assim mesmo.

DOUTOR
No meio da geral dissolução dos caracteres, aponta-se ainda um ou outro caráter puro. O senhor mesmo dá testemunho desta verdade.

ANTONIO
Obrigado, doutor.

DOUTOR
Quando se me depara algum desses caracteres privilegiados, sinto-me arrastado para ele por irresistível magnetismo. O meu desejo é então identificar-me com a sorte daquele que, sem o pensar, talvez resista, amparado pelos sentimentos e prendas naturais, à epidemia universal. Se é pobre, tenho tentações de chegar-me a ele e dizer-lhe à puridade: "Aqui tens a minha carteira; tira para ti o que encontrares aí dentro; serve-te destes escassos vinténs como se te per-

tencessem todos, alma infeliz mas boa." Se o que lhe falta é, não os meios pecuniários, mas o sossego do espírito, a felicidade moral, o meu desejo é oferecer-lhe o meu seio, dizendo-lhe: "Derrama aqui tuas lágrimas; vaza metade das tuas aflições e dores neste seio amigo, morada de um coração puro como o teu, na qual nunca se hospedou o ódio, o egoísmo ou qualquer outro sentimento repreensível. Terás em mim um amigo leal, um irmão dedicado, um pai." E o mais é que eu podia ser seu pai, Sr. Ferreira. Tenho idade para isso.

Antonio
Não tendo conhecido pai desde os primeiros anos, aceito com entusiasmo a nova paternidade que me oferece, doutor.

Doutor
Sim, podia ser seu pai; e já que a minha autoridade não lhe é desagradável, não tenha por importunas as palavras que vai ouvir de mim. Sei que as não devera ter aqui neste momento grave, em que sua mãe está quase agonizando; mas não obstante importar isso aumento de aflição ao aflito, não serei eu, médico do corpo, que deixe de apontar-lhe a nova chaga que o senhor não sabe. Ela exige remédios prontos, e esses remédios posso eu também aplicá-los, como médico do espírito. Além disso, estou de

viagem aparelhada por esses poucos dias para Europa; e se não aproveitar os últimos momentos para lhe revelar o segredo que guardo comigo há algum tempo, o mal pode agravar-se ainda mais e ficar de todo irremediável. Mais de uma vez tenho vindo aqui disposto a dizer-lhe tudo o que sei, tudo o que soube sem ter dado passos para isso; mas assim que entro, mudo de opinião.

Antonio
Por quê? Por quê? Já podia ter-me contado tudo.

Doutor
Com que direito, com que autoridade entro eu na vida doméstica de outrem?

Antonio
(*surpreso*)
Na vida doméstica!

Doutor
(*caindo em si*)
Ah! Traí-me. Mas agora já não é tempo de retroceder. Na vida doméstica, sim senhor.

Antonio
Trata-se então de objeto muito grave!

Doutor

Ontem cheguei a pegar da pena para escrever-lhe desse objeto gravíssimo; mas atirei-a depois para um lado, e assentei de me servir hoje da palavra. Sabe o senhor que nem para todas as ações da vida é a escritura a tela mais apropriada; algumas há que, por muito delicadas e intrínsecas, ela as exprime palidamente e não sem grande risco; para tratar de semelhantes ações é que parece ter sido dada ao homem a palavra, instrumento dócil da sua vontade, cuja virtude principal consiste em poder ser brilhante e fugitivo ao mesmo tempo. Decidi-me por isso pela palavra.

Antonio

Doutor, doutor, está preparando o meu espírito para receber um grande golpe, um golpe mortal?

Doutor

Eu conheço também o homem psicologicamente, Sr. Ferreira. Duas dores igualmente grandes, quando se fazem sentir simultaneamente, não têm mais intensidade do que teria uma delas, desacompanhada da outra; o golpe é duplo mas é uma só a impressão. É por isso que, na presença do mal antigo me animo a falar-lhe do novo mal, que descobri em sua casa. Perdoa minha intervenção indevida?

ANTONIO
(*abalado*)
Não sei, doutor, a que se refere; mas seja qual for esse novo mal, só agradecimentos terei para o senhor por me ter inteirado dele.

DOUTOR
(*atirando sobre a mesa a receita que tem na mão e trazendo Antonio à boca da cena*)
Haverá aqui alguém que nos possa ouvir?

ANTONIO
Não há ninguém, pode falar. (*consigo*) Que será isso, meu Deus?

DOUTOR
De quem eu quero falar-lhe, Sr. Ferreira, é de sua irmã. Desculpe a franqueza por quem é.

ANTONIO
(*sobressaltado*)
De minha irmã!

DOUTOR
Sou seu pai, e posso impor-lhe obediência. Não se irrite, meu amigo, não se irrite que são sempre inconvenientes as explosões.

ANTONIO
Estou sereno; estou pronto a ouvi-lo. Mas tenho pressa em saber o que há.

Doutor

Coitadinha! Não sabe o senhor que ela é uma vítima? Pois é, digo-lhe eu com a maior dor de meu coração! Pobre vítima! Tão boa, tão inocente! As mais das vezes, nas sociedades decadentes, é a ternura uma porta por onde entra a desgraça.

Antonio
(*profundamente abalado*)
Que diz, doutor?

Doutor
A verdade. Mas não é tudo. O pior é que foi vibrado o golpe fatal por mão de quem se diz amigo!

Antonio
Quererá referir-se ao Dr. Júlio?

Doutor
Sim, sim; é a ele mesmo que me refiro.

Antonio
(*arrebatadamente*)
Está enganado. O Júlio não.

Doutor
(*espantado*)
Enganado! Eu enganado?

Antonio
Não creia no que lhe disserem a semelhante respeito. Conheço tanto os sentimentos dele como os dela. Amélia é um anjo, Júlio é um homem de bem.

Doutor
O enganado és tu, alma cândida, que em todos julgas ver irmãos tão puros como tu. Por todos os lados os demônios ameaçam devorar-te, e cuidas que estás cercado de querubins.

Antonio
É mentira, doutor, é mentira. O senhor não deve acreditar no que lhe disseram.

Doutor
É mentira! Não devo acreditar no que me disseram! Mas ninguém me disse nada, senhor. O que lhe estou dizendo, li. (*com expressão*)

Antonio
Leu? Onde? Há de ser calúnia!

Doutor
(*apresentando-lhe um bilhete aberto*)
Antes fora. Infelizmente não é. Veja se conhece esta letra.

Antonio
(*afirmando a vista*)
É de Amélia!

DOUTOR
(com severidade)
O vampiro sugou o mel da florinha porque o jardineiro se descuidou de a vigiar e proteger. *(caindo em si)* Desculpe-me, Sr. Ferreira; a desgraça não é minha, mas eu a tomo a mim. Tenho direito de exprobrá-lo porque o senhor acaba de consentir em que eu seja seu pai. Essa moça vem a ser minha filha.

ANTONIO
(comovido)
Assim é, assim deve ser. Mas eu quero ler já, já esta carta.

DOUTOR
Aqui a tem. É o seu corpo de delito.

ANTONIO
(lendo trêmulo o papel)
"Júlio. Depois da sedução o desprezo, em recompensa do meu amor, do meu maior sacrifício eu encontro a sua ingratidão, o seu esquecimento. Estou rebaixada a meus próprios olhos por sua causa. De todos os cantos parece-me ouvir a voz de minha mãe e a de meu irmão amaldiçoando-me. Parece-me que eles me dizem: 'Foge de nosso seio, que és indigna de nós.' Não me deixe neste cruel estado. Depois disso, só para o senhor posso viver. – Amélia."

(*como fora de si*) Agora já não é possível duvidar, doutor; sou o mais infeliz dos homens, e eles dois são as mais desprezíveis criaturas que o infortúnio e a baixeza podiam reunir na terra.

DOUTOR
Não se encolerize; reprima sua paixão. As paixões têm maus conselhos.

ANTONIO
Mas acha que eu posso ficar impassível diante desta profunda desventura?

DOUTOR
Sabe como me veio parar nas mãos esta carta? Achei-a na escada logo depois de haver saído o menino por quem o senhor me mandara chamar. Foi talvez a Providência quem permitiu que isso acontecesse.

ANTONIO
Que terrível desengano, meu Deus!

DOUTOR
Não se deixe abater por este novo infortúnio. Finja-se ignorante de tudo isso. É da maior conveniência que sua irmã não venha a saber nem uma palavra do que se passou entre nós.

Antonio

(*com raiva entranhável*)

Minha irmã! Não a quero ver. Não me fale nela, doutor! Não a quero ver mais nunca, porque ela infamou meu nome, minha honra, minha vida inteira!

Cena XIII

Antonio, Doutor, Amélia, José

Amélia

(*correndo em pranto*)

Mano, mano, minha mãe está morrendo. Acuda, doutor!

Antonio

(*profundamente abalado – consigo –,
os olhos postos em Amélia*)

Desgraçada, eu te desprezo; mas tu me desarmas porque vens falar em nome de minha mãe. (*ao doutor*) Doutor, salve minha mãe, salve minha pobre mãe.

Doutor

(*passando a receita a José que entra*)

Este remédio já. (*José sai correndo. A Antonio*) Vamos ver o que é possível fazer ainda por ela. (*saem pela esquerda*)

Cena XIV

Amélia
(só)
Não tenho coração para vê-la morrer. Não há filha que possa assistir à morte de sua mãe sem desesperar, sem morrer talvez. (*chora*)

Antonio
(*dentro, alto*)
Pobre de mim! Perdi minha mãezinha, perdi-a para sempre!

Amélia
Que ouço, meu Deus! (*para dentro*) Mano, mano? (*corre à porta da esquerda*)

Cena XV

Antonio, Doutor, Amélia, Florinda

(*Rápida mutação cênica – aparece o quarto de Mariana. Cama pobre, raros móveis. Antonio chora inclinado sobre o cadáver. De um lado da cama Florinda, do outro o doutor.*)

Antonio
Minha mãe! Minha mãe!

AMÉLIA
(*em grito*)
Mãe do meu coração! Oh, meu Deus! Eu vou enlouquecer! (*vai a cair. O doutor ampara-a*)

DOUTOR
Resigne-se, minha filha.

ANTONIO
Amélia, está tudo acabado, tudo. Ela exalou entre os meus braços o derradeiro suspiro.

AMÉLIA
(*fora de si*)
Tudo acabado! Tudo acabado! Por que não me levas contigo, minha mãe? (*a Antonio*) Mano, vamos também morrer com ela? (*deixa-se cair sentada em uma cadeira com o rosto entre as mãos*)

DOUTOR
(*trazendo Antonio pela mão à boca da cena*)
A resignação, Sr. Ferreira, é o bálsamo das dores morais; procure nela coragem e forças para resistir a este golpe imenso. E já que não nos foi possível salvar sua mãe, tratemos agora de reabilitar a honra de sua irmã.

(*Fim do Ato Primeiro.*)

ATO SEGUNDO

(*A mesma vista do ato primeiro.*)

Cena I

ANTONIO, AMÉLIA

ANTONIO
Pergunta você com que havemos de pagar ao doutor? Com o que já lhe disse.

AMÉLIA
Oh! Meu Deus! Que vergonha tenho de não podermos pagar dignamente a quem se tem mostrado tão bom para conosco!

ANTONIO
Que fazer, Amélia? O que eu desejo é, que o meu devedor não se demore. É ridícula a quan-

tia que ele tem de trazer-me, mas servirá sempre para aumentar a paga do doutor.

Amélia

Se você pudesse tomar algum dinheiro por empréstimo, não seria melhor? A vizinha, que se diz tão nossa amiga, bem nos podia valer neste transe. Por que não vai você falar a ela? Tenho certeza que ela lhe dará com que remirmos a nossa necessidade... esta necessidade só, que é a que mais nos amofina.

Antonio

Conto eu acaso com alguma quantia extraordinária para satisfazer semelhante empréstimo? Não pedirei dinheiro a ninguém. Esse mesmo chegará para o doutor. Ele sabe que cada um dá o que tem. Ele nos desculpará. Deus me livre de falar a D. Maria, Deus me livre de semelhante fraqueza. Você não conhece estas coisas. Olhe. Pedir dinheiro emprestado, ainda que seja a quem o pode dar sem constrangimento, é sempre triste e desairoso. Não há credores generosos. Todos eles acreditam, sejam embora dos mais razoáveis, que o devedor não paga suas dívidas tão depressa quanto pode e deve. O que o não mostra no semblante, o traz com mal encoberto desagrado no coração; e por meios indiretos dá a entender aos devedores que as dívidas lhe não esquecem.

Amélia
Oh! Mano! Como é triste a condição do pobre!

Antonio
(*com intenção*)
Mas a nossa condição não é tão triste como lhe parece, Amélia. Somos uns pobres bem procedidos. Não é assim?

Amélia
(*perturbada*)
É verdade.

Antonio
A pobreza honrada é muito bem aceita a Deus. A verdadeira desgraça consiste, Amélia, não em padecer privações e dores, mas em não cumprir os deveres que a religião e a moral impõem.

Amélia
Acha você então que não somos desgraçados?

Antonio
Certamente que não. Quero até dizer-lhe que se não fora havermos perdido nossa mãe, nós nos devíamos ter por felizes e abastados porque ainda está conosco, Deus louvado, o nosso tesouro – nossa honra.

AMÉLIA
(*confusa*)
Nossa honra? Sim; tem razão, mano.

ANTONIO
(*com intenção*)
Teriam acaso encantos para você todas as grandezas e prazeres da vida, sem ela? Teria você coragem para machucar sua virginal capela por um pouco de dinheiro?

AMÉLIA
(*vivamente*)
Não, não, mano. Pelo dinheiro nunca. (*consigo*) Mas... pelo amor... Oh! Meu Deus! O amor tem um poder invencível que de tudo triunfa.

ANTONIO
Digo-lhe mais: felizes somos, minha irmã, ainda com o coração cheio de dores e saudades, os olhos umedecidos de lágrimas; ainda cobertos do pesado luto que nos põe constantemente diante dos olhos a lembrança de uma perda irreparável. A nossa felicidade consiste em não termos de que corar.

AMÉLIA
(*corando*)
Ah! Sim. É assim mesmo.

ANTONIO

Não nos vexemos com o doutor. Eu vejo nele um pai que perdoa, protege e ama. (*batem de fora. Antonio abre a porta do fundo*)

Cena II

ANTONIO, AMÉLIA, AZEVEDO

AZEVEDO
(*entrando*)
Bom dia.

ANTONIO

Sr. Azevedo. (*oferece-lhe uma cadeira*) Queira sentar-se. Dê-me o seu chapéu.

AZEVEDO
(*recusando*)
Está bem aqui. (*sentam-se*) Como me disse que hoje sem falta me daria aquele dinheiro...

ANTONIO

É verdade. Tive a leviandade de prometer o que eu não tinha a certeza de poder efetuar.

AZEVEDO
O senhor prometeu.

ANTONIO

Já lhe disse que prometi. Mas...

AZEVEDO

Já o senhor vem com *mas*. Estou enfadado de esperar e de vir à sua casa sem resultado.

ANTONIO

Não é por meu gosto que isto acontece. E posso assegurar-lhe que é o senhor o primeiro dos meus credores que já voltou uma vez de minha casa sem ser satisfeito. O senhor compreende decerto que eu não manteria jamais por prazer uma situação que, como esta, profundamente me desagrada, primeiro a mim que ao senhor.

AZEVEDO

Ela é desagradável principalmente a mim, Sr. Ferreira, porque tenho o trabalho de vir à sua casa, e saio sempre com as mãos abanando. Diz-me o senhor que não tem dinheiro. Mas que tenho eu com isso? O senhor deve-me 40$000, e está na obrigação de pagar-mos. Este é o fato.

ANTONIO

Neguei-lho eu já, senhor? Que quer que diga ou faça para provar-lhe que a minha boa vontade e o meu esforço ainda não bastaram a conseguir a quantia de que preciso para seu pagamento?

Azevedo
É boa! Meu caro, quem não tem dinheiro não contrai dívida. E demais se o senhor via que não podia pagar-me, por que razão não mandou levar o seu defunto para o cemitério no carro da caridade?

Amélia
(*consigo*)
Que dureza de expressões! Que homem sem coração! (*sai pela esquerda*)

Antonio
Para tomar-me contas disso não vejo no senhor autoridade nem direito. Se fiz o que tão importunamente estranha, é porque vi que podia pagar-lhe a miséria do serviço.

Azevedo
A miséria – diz o senhor. O certo é que por essa miséria não posso esperar mais, nem o senhor a pode pagar ainda.

Antonio
Mas hei de poder amanhã, hoje mesmo, daqui a pouco talvez.

Azevedo
Pois olhe: os meus credores não têm comigo a mínima contemplação. Dizem que os negócios estão péssimos, e por isso exigem eles,

os tais credores, pagamento a tempo e a hora. Eu também não posso ter contemplação com os que me devem.

ANTONIO

Sr. Azevedo, quero dizer-lhe a última palavra. De presente não me é possível honrar a minha assinatura, posta na letra que o senhor tem em seu poder.

AZEVEDO

Quer isto significar que ainda desta vez dei a minha viagem debalde?

ANTONIO

Eu não havia de ir furtar, senhor, para impedir que isso acontecesse.

AZEVEDO

Pois o que eu lhe posso dizer é que não pagar equivale a... furtar.

ANTONIO
(*com energia*)
Sr. Azevedo, o seu direito de cobrar sua dívida não compreende o de insultar-me.

AZEVEDO

Quererá dizer que não são verdadeiros ladrões os que não pagam os seus débitos no tempo prometido?

ANTONIO

Não são ladrões os que deixam de pagar no prazo dado por motivos independentes de sua vontade; ladrões são os que roubam o sossego do homem de bem e perturbam com a sombra de uma humilhação a consciência limpa e pura. Estes, sim, são ladrões desprezíveis, abomináveis.

AMÉLIA
(*voltando*)
Mano, veja se o senhor quer aceitar estas jóias em pagamento da dívida. (*põe diferentes jóias nas mãos de Antonio*)

ANTONIO
Não, não. Eu hei de pagar, eu hei de pagar tudo de modo que satisfaça.

AMÉLIA
Mas é que eu tenho prazer nisso, tenho.

AZEVEDO
(*com desdém*)
Prazer em quê? Em pagar-me com isso?

AMÉLIA
São jóias de algum preço, senhor. É a minha riqueza. Mas o senhor as pode levar todas. Não me fica nenhuma; fica-me porém a satisfação de ter ajudado meu irmão a pagar uma dívida sagrada. Não quer?

Azevedo
(*a Amélia*)

Ora, minha senhora. Tenho o direito de receber dinheiro, e não jóias de tão diminuto valor. (*a Antonio*). Sei o que devo fazer. Quando o beleguim lhe bater à porta, o dinheiro há de aparecer. (*sai arrebatadamente*)

Antonio

Proceda como quiser. (*a Amélia*) Tome. Guarde os seus ouros, Amélia.

Amélia

Deixa-o ir, deixa-o fazer o que lhe parecer. Onde está Deus para não vir em nosso socorro? Pois ele há de ser menos por nós do que por aquele homem que só tem falta do coração? Não há de ser assim. Não se aflija, mano. Deus há de velar por nós. (*sai*)

Cena III

Antonio
(*só*)

Afligir-me por quê? Ele não compreende a grandeza de uma dignidade traspassada por uma grande dor. Não adivinha aquele espírito que eu daria todos os tesouros da terra para poupar-me esta cruel humilhação! (*batem*)

Cena IV

Antonio, Doutor

Doutor
(*entrando*)
Meu amigo, estava falando de si para si? De fora ouvi o seu monólogo. Quer confirmar esta máxima de um filósofo antigo: "O homem nunca está menos só do que quando está só?"

Antonio
O filósofo antigo tinha razão, doutor. É quando está desacompanhado que o homem ouve as vozes de todas as dores, saudades e misérias que o cercam.

Doutor
Pois foi para que se calassem as suas dores e saudades que tomei a deliberação de entrar. Ao monólogo substitui-se agora o diálogo. Pratiquemos um pouco das coisas da vida, enquanto passa a força do sol, que está hoje ardentíssimo. Como vai sua irmã?

Antonio
Um pouco mais resignada e crente. Com as palavras do doutor entra o conforto no coração de todo aquele que as escuta.

DOUTOR
É porque eu, quando estudei nos compêndios para ser médico do corpo, estudei também na Bíblia para ser médico do espírito.

ANTONIO
Suas palavras bem o indicam. Não tenho lembrança de haver jamais ouvido de ninguém expressões nem visto obras tão consoladoras e edificativas.

DOUTOR
O senhor está olhando para mim com os grandes olhos do coração, sempre exagerado.

ANTONIO
Não há aqui lisonja. Sua bondade é manifesta a todas as vistas. É por isso que eu o admiro. Em meu fraco entender quanto mais o homem se aproxima da humanidade mais se aproxima também de Deus. Desculpe-me se estou em erro.

DOUTOR
Só está em erro no que se refere a mim. No mais há muito ao contrário, em suas idéias e conceitos pura e sã filosofia que me impressiona agradavelmente.

ANTONIO
Também tenho lido e estudado. Cheguei a freqüentar os dois primeiros anos da Academia.

DOUTOR
Ah! E por que não completou seus estudos?

ANTONIO
Faltaram-me os meios. Para viver foi-me preciso seguir uma arte qualquer; escolhi a arte tipográfica. Nem por isso desesperei.

DOUTOR
(*comovido*)
O senhor elevou-se por seu trabalho e resignação como verdadeiro homem de bem. Seu exemplo é uma lição de moral sublime e santa. Por esta forma só procedem os espíritos crentes.

ANTONIO
Estimei muito que o doutor aparecesse por esta sua casa. Mas custa-me tanto entrar no assunto sobre o qual desejava falar-lhe!

DOUTOR
Deixe os escrúpulos para outra ocasião. Diga sem rebuço o que há.

ANTONIO
Tenho feito os maiores esforços a fim de conseguir meios... tudo, porém, tem sido em pura perda. Parece que a Providência me esqueceu por uma vez, e que o maior desamparo me espera.

Doutor

Não diga isso, meu amigo. Deus tarda mas não falta. Sua misericórdia chega sempre no momento de maior aperto. Este momento não somos nós os habilitados a conhecê-lo; é o próprio Deus. Muitas vezes julgamos estar no derradeiro degrau do infortúnio, quando apenas havemos transposto alguns degraus da sua longa escada. Lá em cima, no último deles está o Onipotente para dar-nos a mão e amparar-nos com a sua misericórdia. Dessas alturas vemos os abismos, e acima de nossas cabeças luz, serenidade e alegria que nos encanta.

Antonio

Não posso acreditar que esse estado de bem-aventurança chegue para mim. Sou um desgraçado, doutor. Se não fora sua mão paternal, eu já teria buscado no suicídio o termo do meu fadário. A pobreza é cruel. Só me tem faltado enlouquecer.

Doutor

Por que razão, Sr. Ferreira? Que lhe falta? Dinheiro? Temos algum nesta carteira. (*oferece dinheiro a Antonio*) Não é na primavera, mas no inverno da sorte que se devem mostrar os amigos. Aqui fica à sua disposição esta quantia que me está pesando no bolso. (*depõe o dinheiro sobre a mesa*)

Antonio

Perdão, doutor; o senhor não me compreendeu. Do que me lamento é de não ter com que pagar dignamente o que lhe devo.

Doutor

O que deve a quem?

Antonio

Ao senhor.

Doutor

(*espantado*)

A mim?! (*de si para si*) É admirável este homem.

Antonio

A sorte, porém, não foi desta vez de todo má para mim. (*abre a gaveta e dela tira algumas notas com que se encaminha para o doutor*) Queira aceitar esta ridícula quantia, não como paga do seu trabalho para o qual não há preço, mas como indício do muito que lhe devo pelo coração.

Doutor

(*recusando*)

Não se engane comigo, Sr. Ferreira. Não pertenço ao número dos médicos que aumentam suas visitas para terem direito a maior paga; pertenço ao número dos que, compreendendo melhor a nobre missão do médico, são levados à casa dos enfermos especialmente pelo intuito de minorarem uma dor e enxugarem um pranto. Sou pobre e não aspiro a tornar-me rico. Para mim a paga tem lugar muito secundário em minha profissão. Recebo-a de quem a pode dar sem sacrifício; a alguns, além de lhes prestar os meus fracos serviços, abro-lhes com o meu coração a minha magra bolsa. O senhor não me deve nada. Guarde o seu dinheiro para maior necessidade. Veja que pode vir a chamar algum dos médicos que tem por farol, não a caridade, cuja luz é eterna, mas o ouro que brilha e se extingue de momento a momento, como o fogo-fátuo dos esterquilínios.

ANTONIO
(*como insistindo*)
Doutor, não me faça isso, por quem é. Oh não! Não!

DOUTOR
Guarde o seu dinheiro, como lhe digo, Sr. Ferreira; basta-me a paga do seu gentil coração. Graças à Providência, tenho ainda nesta carteira com que passar o dia de hoje; com o dia de amanhã não ocupo o meu pensamento, não obstante dispor a filosofia humana que o homem deve ter um dos olhos fixo no passado e o outro no futuro. Em semelhantes assuntos muito mais me agrada seguir a filosofia do Evangelho que dispõe: "Não

andeis inquietos pelo dia de amanhã, porque ele trará a si mesmo seu cuidado."[1] Mudemos de assunto. Lembra-lhe ainda a nossa conversação do outro dia? Pôs por obra as minhas recomendações? Foi só saber isso o que me trouxe aqui.

ANTONIO
(pondo o dinheiro sobre a mesa)
Fiz tudo quanto o doutor indicou. Mas não pode imaginar quanto me custa mostrar na face a serenidade, quando tenho no coração tempestades destruidoras, ocultar a dor intensa, quando essa dor domina e enche todo o meu ser como uma chama imensa que só a reabilitação da culpada poderá apagar de todo. Doutor, é preciso acabar com esse martírio atroz, acabar quanto antes. Já não posso suportar a angústia silenciosa, o sofrimento velado que me traz consumido instante a instante, roubando-me horas inteiras ao trabalho e ao sono. Se o senhor não se opõe ao meu intento, irei procurar hoje o homem que veio deixar em minha casa a desgraça e o opróbrio; irei dizer-lhe que sei tudo; obrigá-lo-ei a reparar o mal como um cavalheiro, ou afogá-lo-ei no seu próprio sangue, como se faz aos covardes que só no silêncio e nas trevas se animam a pôr mãos profanas no santuário da família.

---
1. S. Mateus, cap. VI, vers. 34.

Doutor
É justa a sua inquietação e natural a sua dor. Pensa que não sofro, que não tenho sofrido muito com isso? Oh! se tenho! Mas sejamos mártires por mais algum tempo no próprio interesse da causa que temos em mãos. Qualquer indiscrição, qualquer desacerto poderia dar em terra com o edifício custosamente erguido por nossos esforços. Como lhe disse, chegou do norte o padrinho do Júlio, sabe Deus com que intenções, é fácil avaliar quais elas sejam. Buscarei entender-me com ele sobre o nosso caso, e é de esperar que aceda à natural reparação do dano causado pelo afilhado. Tudo se há de arranjar pacífica e satisfatoriamente, meu amigo. De modo disporei as coisas, que não seja outro o resultado.

Antonio
Doutor, doutor, já não estou em mim. Conviver sorrindo com a culpa não é coisa que se compadeça com o meu natural.

Doutor
Talvez dentro de pouco tempo tenha de lhe vir anunciar o desejado desenlace. Continue a ser prudente. (*para sair*) E adeus. Até breve. (*sai*)

Antonio
(*só*)
Oh! Se não fora esse homem, o que seria de

mim? Ele tem sido o meu anjo tutelar. Agora mesmo, renunciando a paga dos seus serviços, habilita-me a libertar-me de uma obrigação que me traz de rastos, a face coberta de vergonha, o espírito abatido e humilhado. Só Deus sabe quanto agradeço a tua generosidade, Dr. Pereira. Vou já, já resgatar do poder desse credor grosseiro e vil a obrigação que a ele me prende como o laço prende a vítima ao poste infamante. Eu te agradeço do coração, oh! meu Deus, eu te agradeço. (*pega do dinheiro que oferecera ao doutor e que deixara sobre a mesa, e entra para a alcova, à esquerda*)

Cena V

Amélia

(*entrando da direita*)

Mano saiu com o doutor. Naturalmente foi ver se achava algum dinheiro para pagar ao homem do carro fúnebre. Que pena tenho de meu irmão! Foi tão bom para minha mãe, é tão bom para mim! Se se fizesse esse casamento, ele descansava. (*chega à porta do fundo, abre um dos postigos, e olha para um e outro lado da rua*) Já se encobriu. (*vem sentar-se ao pé da mesa, tira um bilhete do bolso e lê:*) "Grande novidade tenho que lhe dizer. Espere por mim, que já lá chego. Adeus. – Júlio." Que novidade será essa?

Permita Deus que não seja alguma nova desgraça. Triste pressentimento põe-me em sobressalto o coração. Que será de mim, se Deus não tomar a si a minha causa? (*batem à porta*)

JÚLIO
(*fora*)
Amélia?

AMÉLIA
(*correndo a abrir a porta*)
Aqui está ele.

Cena VI

AMÉLIA, JÚLIO

JÚLIO
(*abraçando-a*)
Amélia, vejo-a enfim depois de tantos dias. Quanto me considero feliz neste momento!

AMÉLIA
Que grande ausência, Júlio! Depois que minha mãe morreu é esta a primeira vez que nos vemos. Não sabe quanto padeci em silêncio durante todo esse tempo! Onde se meteu você que nem José o pôde descobrir? Sinhá Florinda levava horas na janela para ver se você passava.

Coitada de sinhá Florinda! Chorou tanto quando se separou de nós!

Júlio
E ela foi-se embora?

Amélia
Foi-se embora. Mano a despediu por não poder mais pagar-lhe a mensalidade. Mas conte-me: que demora foi essa?

Júlio
Oh! Nem você imagina o que é, Amélia.

Amélia
Esteve fora? Esteve doente?

Júlio
Pior do que isso. Meu padrinho chegou, e carregou comigo para Santo Amaro de Jaboatão, donde não tive por quem mandasse trazer aqui ainda que fosse um bilhete.

Amélia
Vejo que as coisas se complicam.

Júlio
Amélia, não desanime. Tenha fé em Deus que Ele nos há de proteger. Nossa causa é tão justa que só podemos esperar Dele o auxílio com que sabe acudir aos bons.

AMÉLIA
Mas seu padrinho é tão desumano.

JÚLIO
É verdade que ele se opõe com todas as forças ao nosso casamento; mas não se importe você com isso. Minha consciência, meu esforço, meu amor vencerá tudo.

AMÉLIA
Tenho medo que se possa enganar, Júlio. Seu padrinho é por assim dizer seu pai; e você bem pode avaliar a força e o poder de um pai. Oh! meu Deus! Que triste sina a minha!

JÚLIO
Não me fale assim, não me fale assim, Amélia. Olhe. Para corresponder dignamente à sua dedicação e a seu sacrifício, sou capaz de cometer impossíveis.

AMÉLIA
Quer saber a que estou reduzida depois da minha fraqueza, para não dizer depois da minha loucura? A pôr os olhos no chão quando se me diz que a mulher pura os deve trazer bem erguidos ao alto; a corar de vergonha e remorso quando meu irmão me lembra as lições e os conselhos de minha mãe, lições e conselhos que eu desprezei, como só os desprezam filhas

ingratas; a ter noite fechada dentro do coração quando há luz e sorrisos como agora na face da natureza. Tenho chorado tantas lágrimas amargas, tenho curtido em segredo tão acerbas agonias, oh! tantas!

Júlio

Acredito em tudo o que me conta, e sinto que toda a culpa está de meu lado. Mas nem por isso me queira mal. Seu ódio ou seu desprezo seria hoje a mais dura morte para mim.

Amélia

Do coração da mulher não sai nunca a imagem daquele que já teve culto nesse altar. Só um de nós é digno de desprezo; sou eu. Toda a culpa deste mal é minha, minha só, Júlio. Eu devia ter visto, antes de cair, o abismo que existe entre o pobre e o rico, abismo tão fundo que nem o amor com toda a sua imensidade o pode encher.

Júlio

Amélia, Amélia, você alucina-me com suas palavras. Sinto o coração despedaçar-se e o espírito submergir-se em trevas que me aterram. Que vim eu aqui ver, meu Deus, antes de ter na mão o remédio para este grande mal? (*às últimas palavras, Antonio que aparece vestido para sair, ao dar com os olhos nos dois, pára como passado de uma impressão intensa e violenta.*

Dá mostras de querer avançar e retroceder ao mesmo tempo. Tudo nele revela uma luta íntima e profunda. Adianta-se enfim)

Cena VII

Júlio, Amélia, Antonio

Antonio
(*consigo*)
Isto é demais. Já não me é possível refrear, diante desta cena infame, a minha indignação. (*a Júlio*) Então, então, senhor? (*a ambos*) Que é isto? Que quer isto dizer? Pensam que não ouvi tudo?

Amélia
(*apavorada*)
Ah! Mano estava em casa? (*afasta-se confusa e abatida*)

Antonio
(*a Júlio*)
Acabo de escutar a declaração de um delito do qual já tenho a prova nas minhas mãos. O senhor abusou da confiança de um amigo sincero, abusou dos afetos generosos e da boa-fé infantil de uma cândida menina e... sacrificou-a cruelmente.

JÚLIO
Fale, que tem toda a razão.

ANTONIO
A moral de seu padrinho ensina ao senhor este modo de proceder? Os homens que como ele fazem consistir a virtude, a honra, a glória no ouro, não podem ter nem ensinar moral diferente desta. E a desgraça maior é que esses homens, que são os maiores vilões da terra, sejam havidos por primeiros nas mais altas rodas. Novo mundo, novos princípios. O amigo na atualidade tem garras de milhafre; a virgem tem coração de réptil; o pai, ou quem o representa, tem na consciência o espírito das trevas. Por toda a parte o desfaçamento, a vilania, a desonra, o crime. Só falta preencher-se uma condição para que esteja completo este repugnante quadro; é que os pais mercadejem a honra das próprias filhas, porque se ainda não vendem as mãos dos filhos às mulheres impuras, é porque as mulheres impuras são pobres.

JÚLIO
Quanto sarcasmo e azedume, Antonio!

ANTONIO
Mas em todos os tempos, defronte do ricaço avarento e desprezível que só aspira à riqueza, aparece para contraste o artista probo que não

tem a honra para a passar com a mão esquerda àquele que mais lhe encher de dinheiro a mão direita.

JÚLIO
Assim é felizmente.

ANTONIO
Pois bem, senhor. Aqui está o artista; (*põe a mão nos peitos*) aí está o representante do ricaço ignóbil. (*indica Júlio*) Para a mulher infeliz (*indica Amélia*) há dois remédios únicos. Escolha o senhor um dos dois sem hesitação. Ou o senhor casa, ou o senhor morre.

JÚLIO
Não era preciso que o senhor expressasse esse dilema indigno para que eu me decidisse pelo meu dever. Caso com Amélia.

ANTONIO
Quando?

JÚLIO
O senhor o dirá.

ANTONIO
(*com firmeza*)
Casa já, já. Vou buscar o padre agora mesmo. O senhor fugirá na minha ausência?

JÚLIO

Não; esperarei. Por menos que o pareça, posso-lhe assegurar que eu sou um homem de brio. As paixões, sim, essas são infames e fatais. A elas devo eu o faltar-me agora o senhor com a justiça a que tenho direito. Venha a si, meu amigo.

ANTONIO

Não sou seu amigo. O senhor é indigno da amizade de um homem de bem. Seu amigo fui mas já o não sou. Eu o odeio. Pode alguém ser amigo do miserável que desonrou sua casa?

AMÉLIA

Que transe, meu Deus! Ah! minha mãe! Deus se lembrou de ti! Isto importa mais que morrer. (*chora*)

ANTONIO

Eu vou, o senhor fica. Dentro de pouco tempo estarei de volta. Será então ocasião de saber-se se se pode ser criminoso sem ser infame. (*quando abre a porta do fundo dá com Anselmo*)

Cena VIII

ANTONIO, JÚLIO, AMÉLIA, ANSELMO

ANSELMO

O Sr. Antonio Ferreira?

ANTONIO
Que quer? É com ele que está falando.

ANSELMO
Peço-lhe desculpe de fazer a minha obrigação. Venho aqui com este requerimento, da parte do Sr. Manoel de Sales Azevedo.

ANTONIO
Que quer isso dizer?

ANSELMO
É uma intimação para vossa senhoria comparecer na primeira audiência do juiz de paz do distrito.

JÚLIO
(*passeando pela sala*)
Se eu tivesse sabido disso a tempo, ter-lhe-ia poupado este novo dissabor. Pobre Antonio!

AMÉLIA
(*envergonhada*)
Meu Deus!

ANTONIO
(*confuso*)
O Sr. Azevedo atreveu-se...

ANSELMO
Não conhece o Sr. Azevedo? Ele tem um estabelecimento de carros fúnebres no Pátio do Terço.

ANTONIO
Compreendo agora. Que lhe resta?

Cena IX

JÚLIO, ANTONIO, ANSELMO, DOUTOR

DOUTOR
(*entrando*)
Resta-lhe sair. (*a Anselmo*) Retire-se.

ANTONIO
O doutor!

AMÉLIA
(*de parte*)
Ainda mais uma testemunha de nossa desgraça, meu Deus! (*Anselmo sai*)

DOUTOR
(*particularmente a Antonio*)
Aqui tem sua obrigação. Acabo de estar com o Azevedo a cuja casa fui chamado para ver um doente, e sem o querer, vim a saber tudo. Ele já não é seu credor.

ANTONIO
Que quer dizer, doutor?

DOUTOR
Não falemos mais nisso. (*a Júlio*) Desculpe a minha descortesia. Entrei tão distraído que só agora vejo o senhor (*Júlio*) e a senhora. (*Amélia*) E como tenho ainda que fazer, peço-lhes licença para retirar-me.

ANTONIO
Peço-lhe que fique, doutor. Tenho uma triste história que lhe contar.

AMÉLIA
(*correndo para Antonio e deixando cair a cabeça sobre o peito dele*)
Mano, não diga, não. Não queira acabar de matar-me de vergonha. (*esconde o rosto e chora*)

DOUTOR
(*de si para si, os olhos postos em Amélia*)
Anjo, para que te revolveste nos pauis da terra? Para que encharcaste no crime as tuas cândidas asas, cisne gentil e namorado? (*um instante de profundo e solene silêncio*)

Cena X

Antonio, Júlio, Amélia, Doutor, Jerônimo

Jerônimo
(*do lado de fora, pondo a cabeça para dentro do postigo*)
Aqui é que mora um compositor ou tipógrafo conhecido por Antonio Pereira ou Ferreira?

Antonio
(*aproxima-se*)
Mora aqui um tipógrafo chamado Antonio Ferreira, que é a pessoa com quem o senhor está falando. Tenha a bondade de dizer o que pretende.

Jerônimo
Quero entrar.

Júlio
(*confuso*)
É meu padrinho. (*Antonio abre a porta*)

Jerônimo
(*sem se descobrir*)
Estará por aqui o meu afilhado Júlio?

Antonio

Ali o tem.

Jerônimo
(*a Júlio*)

Está muito bonito! O senhor pôs em seu peito contrariar as minhas ordens. Aproveitando-se de minha ausência, meteu terra em meio, e veio pôr aqui as cargas abaixo. Pegue no chapéu e acompanhe-me. Olhe para si, e veja se posso consentir que o senhor se demore aqui por mais tempo.

Antonio
(*adiantando-se*)

Senhor, a honra de o termos pela primeira vez em nossa casa não compensa o insulto que acaba de dirigir-nos. O senhor talvez sinta remorso desta injustiça quando souber que neste modesto lar sempre se respeitou a dignidade alheia para que fosse também respeitada a própria dignidade dele.

Jerônimo
(*com desdém*)

O senhor sabe muito respeitar a sua dignidade! Chama os filhos-família à sua casa para ver se os alaparda. Pois está mal enganado. O meu não pega.

JÚLIO
Meu padrinho, isto é a maior das injustiças.

JERÔNIMO
Ainda me vens falar, atrevido?

ANTONIO
(*a Jerônimo*)
Vejo que sua ousadia é maior do que sua ignorância.

DOUTOR
(*a Antonio*)
Meu amigo, tomo a mim a sua causa. (*a Jerônimo*) Pode levar consigo o seu pupilo.

ANTONIO
(*superexcitado*)
Mas este homem só merece desprezo.

JERÔNIMO
(*alçando o chapéu de sol para dar
em Antonio*)
Farroupilha, não sei onde estou que não te quebro!

JÚLIO
Meu padrinho, atenda...

Jerônimo

Tens o desaforo de te meter comigo, desavergonhado?

Amélia
(*ao doutor*)

Doutor, ponha um termo a isso. Oh! meu Deus, que escândalo!

Antonio
(*a Jerônimo*)

Já de minha casa para fora, miserável!

Jerônimo
(*novo gesto de ofender com o chapéu de sol a Antonio*)

Miserável!

Doutor
(*de permeio a Jerônimo*)

Com sua retirada, senhor, fará grande serviço a nós e a si próprio.

Jerônimo

Saio já. (*a Júlio*) Ainda estás aqui, olhando para a boa *peça* com pena de a deixares? Pois eu te ensinarei o caminho da porta. (*empurra-o para o fundo*)

ANTONIO
(*atravessando-se*)
Ele não. Não há de sair sem primeiro pagar o que deve.

DOUTOR
(*a Antonio*)
Meu amigo, responsabilizo-me pelo pagamento da dívida.

JERÔNIMO
(*ingenuamente*)
E deve ele aqui alguma coisa? (*a Antonio*) Mande receber.

ANTONIO
(*com força*)
Nem mais uma palavra!

JERÔNIMO
Este bigorrilha, ou mais hoje, ou mais amanhã há de pagar-me. (*sai com Júlio*)

Cena XI

ANTONIO, AMÉLIA, DOUTOR

AMÉLIA
(*a Antonio ingenuamente*)
E eu fico assim, mano? Oh! meu Deus! Quanto sou infeliz. Só me resta chorar. (*chora*)

DOUTOR
(a Amélia)
Chore, chore, minha filha. "Bem aventurados são os que choram, porque eles serão consolados."[2]

(Fim do Ato Segundo.)

---

2. S. Mateus, cap. V, vers. 5.

ATO TERCEIRO

(*Ao fundo três janelas envidraçadas, através das quais se vêem sobrados e ruas do lado de fora. Portas à esquerda, que dão para aposentos. Uma porta à direita, que vai ter no corredor. Estantes com livros. Baús pela cena, maletas, bolsas de viagem. É dia.*)

Cena I

Jerônimo, Victor, *um moleque*

(*Ao levantar do pano, Victor e um moleque arrumam nos baús e malas, roupas, livros, papéis, etc.*)

Jerônimo
(*a Victor*)
Doido, doido varrido o rapazola! Estou fumando com seus despropósitos. Dize lá, dize lá

tu, que estás sempre pronto a aparar seus disparates, dize lá se cabe no possível tamanha loucura. Que moço nas condições de Júlio, a não estar de juízo virado, se engraçaria de uma pobréia (*sic*) que só tem de seu o dia e a noite, um irmão tipógrafo e... quanto à família, vão lá lhe buscar os troncos? Passa fora! Poeta d'água doce, que não sabes onde tens os narizes. Tem feito coisas de morte-paixão. Vão ver que está a esta hora atolado na casa do tipógrafo. Mas hei de o pôr tonto. Por esta é que ele não espera. Quando souber da coisa, então é que há de espernear o meu bonequinho. Que dizes, Victor?

VICTOR
Eu não sei, não senhor.

JERÔNIMO
Anda lá, meu parteiro (*sic*), anda lá, bem te conheço. Sempre pronto a desculpar-me o rapaz. Que dizes da tal teoria que reprova o casar por dinheiro? E esses *poéticos*, esses *filosóficos* não passam de uns tolos. Mas por fortuna cheguei ainda a tempo de o deixar vendo as estrelas. O vapor parte às quatro horas, e a essa hora tudo estará acabado. (*pausa*) É um ano de empate nos estudos, mas vá que seja. O rapaz já está muito taludo, mas inda é moço, e a perda de um ano não fará grande diferença na sua carreira. Que dizes, Victor?

VICTOR
Não entendo destas coisas, não senhor.

JERÔNIMO
Estás te fazendo de boas. Mas (*prestando atenção*) ouço pisadas na escada. Há de ser o meu belo poeta d'água doce.

Cena II

JERÔNIMO, VICTOR, JÚLIO

JÚLIO
(*de si para si*)
Que quererá indicar esta arrumação?

JERÔNIMO
(*a Júlio*)
Não haverá mais algum baú lá pelo seu quarto?

JÚLIO
Há os meus. (*reparando em alguns dos que estão em cena*) Mas vejo que estão todos aqui. Poderei saber para onde é que nos mudamos?

JERÔNIMO
Não se assuste. Embarcamos hoje para o Ceará.

JÚLIO
Que quer dizer isso? Para o Ceará!

JERÔNIMO
(*de si para si*)
Olhem, que espanto! (*a Júlio*) O senhor precisa de tomar novos ares, e os do sertão do Ceará não têm superiores em parte nenhuma.

JÚLIO
Nunca precisei menos de mudar de ares. Sinto-me forte e sadio.

JERÔNIMO
Eu sou melhor médico do senhor do que o senhor mesmo.

JÚLIO
Mas que doença tenho eu, meu padrinho?

JERÔNIMO
Que doença tem? Vejam-lhe só a inocência!... Está com juízo virado. Acha que haverá maior doença, do que esta? É pior do que lepra ou mal-triste.

JÚLIO
(*despeitado*)
Que loucura!

JERÔNIMO
Hein! Diga outra vez. Repita a palavra.

JÚLIO
(*mais em si*)
Mas não vê que vou perder um ano sem necessidade, quando podia formar-me em dezembro?

JERÔNIMO
Forma-se no ano que vem. O mundo formou-se em seis dias; o senhor virá a formar-se em seis anos. O senhor, que já é uma obra mais perfeita do que o mundo, ficará sendo a primeira perfeição do universo.

JÚLIO
Meu padrinho, acho que lhe devo ser franco. Se resolveu fazer esta viagem com o fim de impedir o meu casamento com Amélia, asseguro-lhe que perde seu tempo. Vivo hoje só por ela e para ela.

JERÔNIMO
(*com raiva*)
Não me fale, não me fale.

JÚLIO
Bem vejo que ela não tem fortuna nem família. Mas considerando que não é a fortuna ou

uma ascendência ilustre o que traz com a mulher a felicidade para o lar doméstico, estou no acordo de casar com ela, ainda que para isso me seja preciso sacrificar a minha carreira, o meu futuro, a minha própria vida.

JERÔNIMO
Que está dizendo!

JÚLIO
Além disso...

JERÔNIMO
Além disso... Acabe o que ia dizer.

JÚLIO
A ela devo o que só lhe poderei pagar casando com ela.

JERÔNIMO
(*compreendendo a verdade*)
Oh! desalmado! (*comovido*) Júlio, meu filho, com quem aprendeste lições tão baixas e vis? Cada vez te desconheço mais.

JÚLIO
O amor leva o homem a praticar indignidades e até crimes.

JERÔNIMO
Está muito bonito isso! Era só o que me faltava saber para completar o meu desgosto! Desgraçar aquela pobre, que vai ficar aí ao desamparo.

JÚLIO
Vai ficar ao desamparo, não senhor. Onde estou eu?

JERÔNIMO
O senhor está com um pé no vapor. Sua mão já não lhe pertence.

JÚLIO
Mas a quem pertence, a quem, meu padrinho?

JERÔNIMO
Não se afervente; a seu tempo há de saber. O casamento está contratado por mim. Enfim...

JÚLIO
E a minha palavra?

JERÔNIMO
Que tenho eu com sua palavra? Tudo tenho com a minha, com a do senhor nada. Está ouvindo?

JÚLIO
Mas isso não é possível. Se se realizasse o que vosmecê projeta, eu sentiria remorsos durante toda a vida.

JERÔNIMO
Remorsos! Eles que sirvam de castigo a seu louco amor.

JÚLIO
Fora preciso que eu não tivesse coração para sujeitar-me a tamanha baixeza.

JERÔNIMO
Cale-se. Quem mandou que praticasse semelhante loucura? Ensinei-lhe eu alguma vez a manchar a honra das famílias? Por que não seguiu os meus conselhos e exemplos? Sofra agora calado as conseqüências dos seus desvarios, e deixe-se de estar a pregar-me sermões de lágrimas, que nem estamos na quaresma nem o senhor é barbadinho.

JÚLIO
Pois eu declaro que se não casar com Amélia, não casarei com mulher nenhuma outra.

JERÔNIMO
Que está aí dizendo, desavergonhado?

JÚLIO
É o que digo. Dou-me cabo da vida com um tiro de revólver na cabeça.

JERÔNIMO
(*colérico*)
Meta-se naquela camarinha, atrevido. (*indica à direita*)

JÚLIO
Obedeço, porque não posso deixar de obedecer.

JERÔNIMO
Meta-se na camarinha.

JÚLIO
Pois sim. (*dá a andar*) Mas juro que hei de fazer o que prometi.

JERÔNIMO
Não me fale senão o arrebento. Entre já. (*Júlio entra para o lugar indicado. Jerônimo tranca a porta, tira a chave e guarda-a no bolso do paletó*) Suicide-se agora aí dentro. (*passeia agitado*) Que pedaço de insolente! Estás vendo, Victor?

VICTOR
Coisas de gente moça, senhor.

JERÔNIMO
Perguntarei se o estou mantendo na academia para ele fazer das suas, dar por paus e por pedras, e querer passar-me a perna em cima. Está mal enganado. (*parando*) Este Recife é um

foco de corrupção; botou-me a perder aquela pomba sem fel. Mas hei de lhe tirar as voltas uma por uma a tal pombinha custe o que custar, porque comigo ninguém manga, e muito menos quem tem o dever de seguir as minhas ordens como filho. (*batem palmas à direita*)

DOUTOR
(*dentro*)
Dá licença.

JERÔNIMO
Quem será que me procura? (*Victor vai ver quem bate, e o moleque sai com ele*) Quem é, Victor? Seja quem for pode entrar.

Cena III

JERÔNIMO, DOUTOR

DOUTOR
Tenho a honra de o cumprimentar.

JERÔNIMO
Beijo-lhe as mãos. Sente-se nesta cadeira. (*dá-lha*) Não estranhe a desordem que vê. Estou em arranjos de partida para o norte.

DOUTOR
(*depois de pausa*)
Ah! Parte hoje?

JERÔNIMO
Dentro de poucas horas. Por isso é que está tudo aqui em confusão.

DOUTOR
Eu também devia estar a esta hora de viagem se o que me traz aqui não me tivesse alterado o plano. Vossa senhoria não me conhece.

JERÔNIMO
Para o servir.

DOUTOR
Pois não faz muito tempo que estivemos juntos.

JERÔNIMO
(*como quem procura lembrar-se*)
Não me lembra onde. Tenha a bondade de auxiliar minha memória que já foi muito boa, mas hoje já está cansada.

DOUTOR
Não se recorda de haver tido parte em uma cena... pouco agradável, em casa de...

JERÔNIMO
Espere, senhor. Se vai referir-se ao *pega* que tive em casa de um malcriado que pretendeu roubar o meu filho... Mas agora me lembra. É

isso mesmo. Já o reconheci. Vossa senhoria lá estava, e tomou a parte do pedaço de malcriado que me disse tanta coisa pesada.

Doutor
Não se apresse, senhor. Havemos de chegar até lá.

Jerônimo
Lá onde? À casa do tipógrafo? Só se fosse para lhe meter o pau.

Doutor
Não se trata disso por agora, mas de objeto mais grave. Posso ter a certeza de que vossa senhoria me ouvirá por alguns instantes sem se incomodar?

Jerônimo
Antes de tudo desejo saber com quem é que estou falando.

Doutor
Vossa senhoria está falando com o Dr. Carlos Pereira.

Jerônimo
Pois diga o que quer, Sr. Doutor.

DOUTOR

O que me trouxe aqui foi defender perante vossa senhoria a causa dessa infeliz que foi vítima de seu amor e de sua boa-fé.

JERÔNIMO

E que quer que lhe faça?

DOUTOR

Eu tinha por ociosa a resposta, Sr. Comendador. Mas como vossa senhoria faz esta pergunta, não me demorarei em lhe dizer o que sinto. O casamento é o meio natural e único de reparar a perda de que se trata.

JERÔNIMO

O casamento! Vossa senhoria quer muito.

DOUTOR

Não quero senão o que manda a moral e o direito.

JERÔNIMO

Com licença. Eu tenho assim uns modos asselvajados, um todo de *corumba**; mas ninguém pense por isso que eu não sei mexer com a lei.

---

* *Corumba* significa "sertanejo que emigra para fugir da seca nas regiões do nordeste brasileiro; retirante" (Laudelino Freire, *Grande dicionário da língua portuguesa*, Rio de Janeiro, Ed. A Noite, 1939, vol. II). (N. do Org.)

O seu direito está torto. Eu em minha terra sou subdelegado e conheço o código. Não há nenhum artigo aí que obrigue o homem a casar.

DOUTOR
Está enganado, Sr. Comendador, está enganado. Não é possível o que diz.

JERÔNIMO
(*levantando-se*)
Mostro-lhe já a minha verdade. O código ainda nos está ouvindo dali. (*indica a estante*) Fiz muito processo deste gênero; nisso ninguém me dá voltas. (*tira um livro*) Ora preste atenção por quem é. (*depois de o ter folheado*) "Artigo 219 – Ofender mulher virgem, menor de dezessete anos – Penas de desterro para fora da comarca, em que residir a ofendida, por um a três anos, e de dotar a esta." Então? Que me diz agora?

DOUTOR
(*confuso*)
Isso que acaba de ler é o que está aí mesmo? Não é possível. Esse código está errado, senhor. Deixa-me ver o livro?

JERÔNIMO
Com todo o gosto. (*entrega-lho*) Eu nunca pensei que havia de vir de minha terra passar um quinau tão grande em um doutor. Verdade é que os doutores de hoje... Olhem o Júlio.

DOUTOR
Não sou formado em leis; sou médico.

JERÔNIMO
Ah! Isto agora é outro dizer.

DOUTOR
(*continuando*)
Formei-me na ciência da natureza, e não na ciência dos interesses; estou acostumado a entender-me com princípios invariáveis e eternos, e não com preceitozinhos artificiais e de ocasião.

JERÔNIMO
Queira desculpar-me.

DOUTOR
Sem embargo, nunca me passou pela idéia que princípios fundamentais da moral social pudessem brilhar, por sua ausência, no código de uma nação civilizada, como é a nossa.

JERÔNIMO
Neste particular é que eu não entro.

DOUTOR
(*depois de ter lido consigo*)
É verdade. Mas esta disposição penal, que em vez de punir com severidade, anima a praticar semelhante crime, esta disposição é cruel e

deve desaparecer de nossas leis. Com a autoridade dela pode qualquer sedutor, tendo segura como tem a sua impunidade levar a desonra ao lar mais respeitável. Numa palavra, Sr. Comendador, a lei que protege a nossa liberdade, a nossa vida, não protege a nossa honra; ela a expõe muito ao contrário a rudes e mortais golpes dos quais ninguém se poderá resguardar senão pela força material. Entretanto a honra é de mais preço do que a propriedade e a vida. (*exaltado*) Sossego das famílias, tu és pura ilusão na sociedade brasileira.

JERÔNIMO
(*irônico*)
O senhor doutor é um defensor *brabo* da honra das famílias.

DOUTOR
Sou um defensor convicto, isto é verdade. E por que não? Que segurança pode ter aquela sociedade em que a honra das famílias está exposta a ceder ao primeiro ocupante? A luz social tem seu assento na família, Sr. Comendador. É daí que ela se reflete sobre o cidadão, o legislador, o magistrado, o sacerdote, o letrado, enfim sobre o futuro da nação. Quando essa luz não está bem resguardada das tormentas, sabe vossa senhoria o que é que se vê no seio da sociedade? Sombras, perturbações e ruínas. A mulher

representa a impudícia, o homem representa a lascívia, lascívia que transpõe todos os diques do zelo e da educação, e que destrói as mais belas flores do lar como a enchente destrói as mais belas flores do prado que ela inunda. Quer um exemplo mais vivo dos males que estou figurando? Vossa senhoria que é rico, isto é, que pode dotar cem ofendidas, pode, também autorizado por esse artigo do código, fazer-se senhor de cem honras, isto é, pode fazer cem vítimas.

Jerônimo
O que está fora de dúvida, Sr. Doutor, é que o código não obriga o meu afilhado a casar com a irmã do tipógrafo.

Doutor
Não o obriga a casar, é verdade, mas lhe impõe a pena – pena ridícula – de desterro para fora da comarca em que reside a ofendida, e de dotar a esta.

Jerônimo
Tenha mão. Nada se pode aventurar a este respeito antes de se saber a idade dela. Que anos terá?

Doutor
Pode ter pouco mais de dezessete anos, se tanto.

JERÔNIMO

Se tem mais de dezessete anos, o meu afilhado pode cantar completa vitória, porque a lei, segundo vossa senhoria já ouviu, só pune esse crime quando a ofendida é *menor de dezessete anos* – palavras do código.

DOUTOR

Tem razão.

JERÔNIMO

Vossa senhoria, que mal pergunto, é pai dessa moça?

DOUTOR
(com altivez)

Não, senhor. Graças a Deus, não tenho mulher, nem filho, nem amigo, nem creio nos homens, nem preciso das leis. Minha lei, lei para tudo, é minha moral, é a moral que aprendi de meus pais, que pertenceram a outros tempos, muito diferentes dos tempos atuais. Minha mulher é minha consciência. Meu filho é meu coração. Minha religião, é a mesma religião do filósofo; faço o bem que posso. Meus amigos são meus livros; nem quero outros melhores do que estes. O ideal da felicidade, nas sociedades constituídas, consiste em viver-se absolutamente só, fazer-se livremente o bem que se quiser e puder, não se ter ninguém por quem se haja de responder imediatamente ou de sofrer. Reconheço que está aqui substanciada a doutrina do egoísmo; mas em uma sociedade que se derrete como enfermo purulento, pode-se ter doutrina diferente desta?

Jerônimo
Não creio que o senhor proceda como diz. A prova de que não estou em erro é que o senhor toma parte por uma pessoa que não lhe pertence, segundo afirma.

Doutor
(*caindo em si*)
É verdade. É que este meu coração, este meu coração... Ainda depois de ter feito propósito de ser indiferente às desgraças alheias, quando menos penso estou chamando para mim metade delas e padecendo dores reflexas.

Jerônimo
Ora vamos ver se chegamos a um acordo, Sr. Doutor; quero cometer-lhe um negócio.

Doutor
Estou pronto a ouvi-lo.

Jerônimo
Procure um marido para sua protegida, que eu não terei dúvida em dotá-la.

DOUTOR
(*nobremente*)
O senhor propõe-me uma baixeza. A honra da mulher, Sr. Comendador, não é objeto de comércio, que se troca por dinheiro. Deixe lá falar o código ou quem o fez. Dentre cem vítimas, só uma se aproveitará do dote que a lei estabelece. E se assim não fora, a nossa sociedade seria, não ainda um moribundo, mas já um cadáver.

JERÔNIMO
Ora, não esteja vossa senhoria a exaltar tanto coisas a que a sociedade é a primeira a não dar grande importância.

DOUTOR
(*patético*)
Senhor, considere que essa moça é pobre.

JERÔNIMO
O código não faz distinções.

DOUTOR
É órfã.

JERÔNIMO
Também não tem graça especial para as órfãs.

Doutor
É digna de melhor sorte. Acredito tanto na sinceridade do seu afeto que reputo por felicidade para seu ofensor o casamento.

Jerônimo
A prova de que ela não é digna dele, Sr. Doutor, está no próprio fato que vossa senhoria quer justificar. Enfim acabemos com isto. O casamento é impossível.

Doutor
Bem. Fui infeliz na defesa; sou mau advogado e a lei é péssima. Nada mais me resta que fazer aqui. Mas veja bem, Sr. Comendador, que vai entrar agora o júri da Providência. Nesse júri o defensor dos que têm fome e sede de justiça é o próprio Deus, e o direito de Deus é reto. (*levanta-se*) Desculpe o incômodo que lhe causei com as minhas importunações.

Jerônimo
Não tenho de que o desculpar.

Doutor
(*para se retirar*)
Há de permitir... (*a Jerônimo que o quer acompanhar*) Por quem é não se incomode.

Jerônimo
Veja que esquece o chapéu de sol.

Doutor

É verdade. (*enquanto Jerônimo o vai tirar do canto*) Eu fui um louco em vir procurar a honra na casa do comendador, quando já a desonra tinha entrado na casa do tipógrafo. (*a Jerônimo que lhe entrega o chapéu*) Agradecido. (*sai*)

Cena IV

Jerônimo
(*só*)

Que tal o trunfo? Se fosse filho dele, não havia de consentir em semelhante casamento. Mas aqui anda segredo. Tanto interesse por uma pessoa estranha! É que a menina te corre pelas veias. Anda lá, anda lá, Manoel João, que tu não me embaças, não. (*toca o tímpano*) Longe dele cem léguas. Vai contar a outro tuas histórias, que eu sou matuto do sertão, sim, senhor, mas no meu terreiro outro galo não canta. (*para dentro*) Victor? Victor? (*muda o paletó por outro*) Não me entendo muito com estes toques. (*a Victor que entra*) Tome sentido na casa enquanto vou à agência dos vapores. Se alguém vier procurar por mim, mande entrar e sentar-se, que volto já.

Victor
Senhor, sim. (*Jerônimo sai*)

Cena V

VICTOR, JÚLIO

JÚLIO
(*na alcova*)
Victor, abre esta porta.

VICTOR
Meu amo levou a chave consigo.

JÚLIO
Procura por aí mesmo, que hás de encontrá-la.

VICTOR
(*procurando*)
Não acho. Ele levou. Pois ele havia de a deixar? Era o mesmo que nada.

JÚLIO
Vê no bolso do paletó com que ele estava. Se a não encontrares aí, vai buscar um machado, um ferro qualquer, e põe esta porta abaixo. Quero sair seja de que modo for.

VICTOR
(*dando com a chave no paletó*)
Cá está ela. Mas, seu Jerônimo não quer que vosmecê saia da camarinha.

JÚLIO
(*com força*)
Abre, abre por minha conta. Preciso de tomar fôlego. Estou asfixiado.

VICTOR
E se ele ralhar comigo, e me ameaçar?

JÚLIO
Veremos depois o que se deverá fazer nesse caso. Abre já este maldito calabouço.

VICTOR
Eu já sei que eu é que hei de pagar tudo. (*abre*)

JÚLIO
(*aparecendo*)
Agora estou livre. Para onde foi meu padrinho? Teria ido à agência mesmo segundo disse?

VICTOR
Não sei, cuido que foi.

JÚLIO
Pois quando ele voltar, dize-lhe tu de minha parte, que enquanto teve para mim afetos paternais, não deixei nunca de lhe ser obediente. Tendo, porém, mudado de procedimento, eu também mudo.

Victor
Que é que diz, seu Júlio? Já estou arrependido de lhe ter aberto a porta.

Júlio
Cala-te, e ouve-me. Dize-lhe outrossim que vou daqui direitinho à casa do Dr. Pereira convidá-lo a ser testemunha do meu casamento.

Victor
Pelo amor de Deus, moço, não me faça isto. Vosmecê bem sabe que seu padrinho é capaz de arrebentar-me.

Júlio
Não te há de comer.

Victor
Comer, não, que ele não é caboclo brabo; mas mete-me o cacete que me põe mole, como uma mangaba.

Júlio
Não penses nisso. Se vires que ele se ensaia para te ir ao pêlo, trata de pôr-te ao fresco e procurar-me. Hás de achar-me na rua das Flores nº 20. Mas não lhe digas a casa.

Victor
Meu Deus! Este moço é meus pecados.

JÚLIO

Sabes das chaves desta secretária? Não foi aqui que ele guardou o dinheiro? Ah! Está aberta. Se a Providência vela por mim, é porque a justiça está de meu lado. (*tira dinheiro que guarda no bolso*)

VICTOR

Quer vosmecê saber de uma história? Anda por dezesseis anos que uma cena igualzinha a esta se passava com seu padrinho em Olinda. Como Deus é justo! O que ele fez ao pai está vosmecê fazendo agora com ele.

JÚLIO

Com tuas histórias o que tu queres é dar tempo a meu padrinho chegar. Eu bem te conheço, Victor. (*põe o chapéu na cabeça*)

VICTOR

Não, senhor; é história verdadeira que vosmecê deve saber para se defender do passo que vai dar. Seu Jerônimo andava de amores com uma viuvinha, quando chegou do Ceará o pai dele também disposto a levá-lo para o sertão, por ter sabido que ele estava casa não casa com ela.

JÚLIO

Sim? E leva agora o tempo a falar dos seus bons exemplos e irrepreensível procedimento. São uns hipócritas os velhos de todos os tempos!

VICTOR
Seu Jerônimo quis em princípio fugir para casar, como vosmecê quer fazer agora.

JÚLIO
Como absolutamente farei. E acaba, que está passando o tempo de sair.

VICTOR
Mas conselho daqui, pedido dali, mudou de rumo, e por isso não é hoje um doutor formado.

JÚLIO
Comigo não se há de dar o mesmo. E adeus, Victor. Não queres vir comigo?

VICTOR
Seu Júlio, veja primeiro no que se vai meter. Ainda é tempo de mudar de opinião.

JÚLIO
Sê feliz, e pede a Deus por mim. (*sai*)

Cena VI

VICTOR
(*acompanhando-o até a porta*)
Seu Júlio, ainda é tempo. (*volta*) O moço está mesmo com a cabeça revirada. E que pa-

drinho escolheu ele para o casamento! O próprio Dr. Pereira que não me parece ser lá de muito bons costumes. Um homem que anda indagando da vida dos outros!... Ainda hoje me perguntou quem é seu Jerônimo, se é casado ou solteiro. E o certo é que o fez por maneira tal que tudo arrancou de mim. Agora me está parecendo que fiz mal. O homem é capaz de pôr o velho em apertos por coisas passadas há tanto tempo. (*batem palmas*) Quem é que está batendo?

Cena VII

Victor, Amélia, José

Amélia
O dono da casa? Quero falar ao dono da casa. Não é aqui que mora o Sr. Comendador Jerônimo Pinheiro?

Victor
É aqui mesmo, mas ele não está.

Amélia
Ele se demorará muito?

Victor
Não, senhora; deve estar já de volta. Vosmecê pode sentar-se e esperar.

AMÉLIA
Esperarei. (*senta-se. José vai debruçar-se em uma das janelas do fundo*)

JOSÉ
(*que tem olhado para a rua*)
Ele aí vem, ele aí vem, sinhá Amélia.

AMÉLIA
Tu o conheces?

JOSÉ
Eu o conheço, sim, senhora, desde o dia que ele esteve lá em casa.

AMÉLIA
(*sobressaltada*)
Meu Deus, ajudai-me!

VICTOR
(*consigo*)
Galante moça! (*dirige-se à alcova*) É bom trancar esta porta para seu Jerônimo não desconfiar. Quando der pela falta do afilhado, há de pensar que ele fugiu pela outra porta que eu vou de propósito abrir agora. (*mete a chave no bolso do paletó de Jerônimo e sai*)

AMÉLIA
(*de si para si*)
É o recurso que me resta. Se este faltar, estarei para sempre desgraçada.

Cena VIII

AMÉLIA, JOSÉ, JERÔNIMO

JERÔNIMO
(*dentro*)
Depressa, depressa. Na hora de embarcar não quero empate. (*entra*) Minha senhora.

AMÉLIA
(*de pé*)
Senhor...

JERÔNIMO
Esteja a gosto. Quer falar-me? (*de si para si*) É a terceira viúva que me vem pedir esmola hoje. O ponto foi saberem que o sertanejo tinha cobres. Mas esta não leva, não senhor.

AMÉLIA
São poucas as palavras que tenho de lhe dizer.

JERÔNIMO
Pois então não perca tempo, que eu preciso muito dele.

AMÉLIA
Sou uma desgraçada, senhor, porque não conheci pai, e não tenho mãe, nem família, nem fortuna.

JERÔNIMO
Isto é que é o pior. Mas espere, que eu a estou entreconhecendo.

AMÉLIA
Minha pouca idade, ou antes minha má estrela fez que eu me apaixonasse por um moço, que não era para mim. (*com os olhos baixos*) Dei-lhe o único tesouro que possuía.

JERÔNIMO
Fez mal. Quem dá o que tem a pedir vem – diz um adágio dos antigos.

AMÉLIA
É verdade, mas por maior desgraça, só conheci o meu erro quando já não era tempo de o reparar; só conheci a fundura do abismo quando vossa senhoria se apresentou em nossa casa, e quebrou as rosas da minha ilusão.

JERÔNIMO
Entendo-a.

AMÉLIA
O desespero lembrou-me uma idéia, e eu aceitei-a como uma inspiração do céu. Venho cair a seus pés, Sr. Comendador, para lhe pedir que se compadeça de mim. (*ajoelha-se aos pés de Jerônimo*) Senhor, eu era pobre, mas era

pura. Não tinha ouro nem brilhantes para adornar-me; tinha porém as flores da virgindade no seio e no coração. Estas flores foram quebradas pelas mãos de seu afilhado, Sr. Comendador, mas essas mãos estão cheias de afetos e carinhos para mim. Não é delas que parte o raio que me fulmina; ele parte da sua, senhor, da sua mão. Mas por quem é, condoa-se desta infeliz órfã, que morrerá de vergonha e dor quando a apontarem como uma mulher indigna de entrar no seio de uma família. (*chora*)

Jerônimo
(*levantando-se*)
Levante-se, menina. Tudo quanto posso fazer em seu benefício, eu o propus ainda há pouco ao seu protetor. No seu casamento não consentirei jamais, porque Júlio vai casar com minha filha.

Amélia
(*surpresa*)
Com sua filha! (*serenando*) Sua filha é rica. Não faltará quem a queira.

Jerônimo
Desengane-se. O que disse está dito. Daqui a poucas horas estaremos longe desta terra. Ele me está ouvindo daquele quarto. Ninguém melhor do que ele sabe que as minhas resoluções são inabaláveis.

AMÉLIA
Júlio está ouvindo esta sentença de morte e não vem em meu socorro?! (*chamando alto*) Júlio? (*atira-se à porta que abala*) Júlio? (*silêncio*) Ingrato! que cerras os ouvidos a meu pranto! Mil vezes desgraçada sou eu, que já nem me resta a tua compaixão! (*a Jerônimo*) Mas pensa que hei de viver assim? Não, mil vezes não. (*fora de si*) Não há quem me mate, não há quem queira matar-me aqui? (*chamando*) Júlio? Júlio?

JERÔNIMO
(*sobressaltado*)
Sossegue, minha senhora, sossegue.

AMÉLIA
(*delirante*)
Minha última esperança despedaçada! Nem arma nem veneno com que acabar os meus dias! (*dando com a vista nas janelas do fundo*) Ah! deitar-me-ei da janela na rua. (*corre em desespero a atirar-se. Encontra-se com Antonio que entra. Recua aterrada*)

Cena IX

AMÉLIA, JERÔNIMO, JOSÉ, ANTONIO

Antonio
(*contrariado*)
Amélia aqui! (*pega-lhe da mão*) Amélia, que veio ver nesta casa?

Amélia
(*cobrando a razão*)
Mano, dispense-me de o dizer. Não sabe o meu martírio, a minha aflição, a minha dor? (*soluça com a cabeça oculta entre as mãos*)

Jerônimo
(*a Antonio*)
Sou eu que tenho o direito de lhe perguntar quem o mandou entrar aqui.

Antonio
Olhando para aquela infeliz terá a explicação da minha vinda à sua casa.

Jerônimo
Vê estes papéis? São passagens. Embarco daqui a pouco, e preciso destas últimas horas. Deixem-me só, imprudentes.

Antonio
(*toma-lhe os papéis*)
Não há de embarcar. (*rasga-os*)

Jerônimo
Atrevido!

Antonio
(*com energia*)
Seu afilhado não há de embarcar sem ter primeiro casado com Amélia.

Jerônimo
Nem mais uma palavra, insolente! (*chamando*) Victor? Victor?

Antonio
(*abalando-o*)
Cale-se. Não seja o primeiro a divulgar sua vileza.

Jerônimo
(*com força*)
Victor? Manoel? Acudam, que querem assassinar-me.

Antonio
(*apresentando-lhe um revólver*)
Diz a verdade. Não sou assassino, mas eu o serei em poucos momentos se o senhor se escusar a cumprir este dever de vida e morte. Veja bem o que faz.

Amélia
(*interpondo-se*)
Mano, mate-me a mim. Sou eu quem tem toda a culpa deste mal.

JERÔNIMO
(*livrando-se de Antonio*)
Onde estão esses cães, que não vêm em meu socorro? E onde está a minha pistola, que não a encontro! Malvado! Hás de pagar-me! (*procura a direita para sair, mas Antonio pega-o pelo braço e o arrasta à boca da cena*)

ANTONIO
(*ameaçador*)
Ou a minha honra, ou a sua vida.

AMÉLIA
(*como louca*)
Socorro! Socorro! (*a Antonio*) Mano, mano, eu não quero que você mate ninguém por meu respeito. (*com energia*)

Cena X

AMÉLIA, JERÔNIMO, ANTONIO, JÚLIO,
DOUTOR, VICTOR

JÚLIO
(*correndo a Amélia*)
Amélia, chegou o momento da felicidade.

DOUTOR
(*a Antonio*)
Que ia fazer, meu amigo?

ANTONIO
(*com firmeza*)
Lavar a honra de minha irmã no sangue de um homem que não tem honra.

JERÔNIMO
Ainda se atreve este assassino!

DOUTOR
(*tomando-lhe o revólver e atirando este sobre uma pouca de roupa que está sobre uma cadeira*)
Largue esta arma. Lembre-se que o senhor é um homem de bem.

JERÔNIMO
(*ao Doutor*)
O senhor é que tem dado força, com sua proteção, a este desaforado (*indica Antonio*) para me desacatar e ameaçar, em minha própria casa como se eu fosse de seu pano.

DOUTOR
Quatro palavras vão lançar luz neste quadro negro. Depois de haver-me retirado daqui, indaguei de seu fâmulo Victor – ele aí nos está ouvindo (*indica-o*) – se o senhor tinha alguma filha. Meu fim era chamar para nosso ponto a intervenção dessa moça se o senhor a tivesse, em favor da irmã do meu amigo.

Jerônimo
Tenho uma, que há de ser a mulher de Júlio.

Doutor
O senhor tem duas filhas e um filho. Uma delas está, rica e feliz, no seio da casa paterna. A outra e o irmão – o senhor decerto ainda não esqueceu que deixou dois filhinhos em Olinda há bastantes anos – estão por aí derramados, pobres, infelizes.

Jerônimo
Não me esqueceram eles, mas nunca mais os vi nem sei onde estão.

Doutor
Sei eu, Sr. Comendador; e por infelicidade sua – chegou agora a sua vez – essa menina desamparada está nas mesmas condições que esta. (*indica Amélia*)

Jerônimo
Que quer dizer com isto, doutor?

Doutor
Quero dizer que a sua primeira filha está pobre, desgraçada, e, o que é mais...

Jerônimo
Quero saber toda a história já. Não se demore, senhor.

Doutor
Ela viveu, cresceu, pôs-se moça. O irmão, não podendo completar os estudos, por lhe faltarem os meios, fez-se artista. É hoje tipógrafo como este amigo. (*indica Antonio*)

Jerônimo
Depressa. Acabe.

Doutor
Viviam na pobreza e na obscuridade, segundo Deus os ajudava, mãe e filhos que compunham uma só existência. Nesse lar a honra era a primeira religião. Mas um dia um moço rico, afilhado de um comendador – veja vossa senhoria que igualdade de sortes – apaixonou-se pela cândida menina. Ambos amaram-se como loucos. Mas desse amor, em vez de resultar uma felicidade, apareceu uma desgraça.

Jerônimo
Que está dizendo?

Doutor
Sabendo o que acontecera, o comendador mete-se no vapor, chega ao lugar do delito, põe impedimentos, enfim emprega todos os meios de frustrar a jurada união.

JERÔNIMO
E que fez a justiça que não obrigou o ofensor a casar com a ofendida?

DOUTOR
A justiça não podia fazer isso, senhor; o nosso código não tem para casos tais como pena o casamento do ofensor com a ofendida; e por muito feliz deverá reputar-se a sua filha se o ricaço quiser, por generosidade, fixar-lhe um dote.

JERÔNIMO
Tem razão.

DOUTOR
O comendador não descansou um momento. Aparelhou-se para o roubo do afilhado, pagou passagens...

JERÔNIMO
(*aniquilado*)
Havemos de ver se ele embarca. Tenho amigos também aqui. (*como caindo em si*) Mas que história me conta, doutor? Tamanha semelhança me espanta.

DOUTOR
Esta é a sua própria história, Sr. Comendador. Eis aqui seus filhos. (*indica Antonio e Amélia*)

JERÔNIMO
(*hesitando*)
O quê, o quê, senhor?!

AMÉLIA
(*admirada*)
Será possível?

ANTONIO
(*perturbado*)
Meu pai! Ele! Não. Isto é um sonho.

DOUTOR
Não, não é sonho. Ele é seu pai, meu amigo. Aí está Victor, que não me deixa mentir.

VICTOR
(*a Jerônimo*)
São eles mesmos. Contarei tudo depois. (*a Antonio e Amélia*) Carreguei-os em meus braços, e não me conhecem! Se eram tão pequeninos!... Mas não importa. Conheço-os eu. Corram a pedir a bênção a seu pai.

JERÔNIMO
E Mariana? Onde está Mariana?

ANTONIO
No céu.

JERÔNIMO
Oh! meu Deus! Que mistério de causar admiração! Eu não estou em mim. (*a Antonio e Amélia*) Abracem-me, abracem-me. De ora em diante serei o melhor dos pais. (*a Júlio*) Júlio, casarás com Amélia. Peço perdão a todos aqueles a quem ofendi.

JÚLIO
(*ao doutor*)
Doutor, com que poderei pagar-lhe a minha felicidade, que devo à sua dedicação e esforço paternal?

DOUTOR
O senhor é moço, tem talento e daqui a pouco estará habilitado a ocupar uma cadeira no seio da representação nacional. Tenha a sua primeira palavra aí para tratar da reforma desse artigo do código, que deixa a honra da família exposta a desastres irreparáveis. Assim obrando, terá o senhor pago plenamente o que me deve.

JÚLIO
(*com solenidade*)
Juro que, chegando a essas alturas, será este o meu empenho de honra.

JERÔNIMO
(*a Antonio e Amélia*)
Venham outra vez a meus braços, filhos de

minha alma. Nunca os esqueci, nunca! Meu coração está nadando em prazer. Não vêem como choro? É de contentamento, é de alegria. Abraça-me, Amélia; abraça-me, Antonio.

ANTONIO E AMÉLIA
Agora a sua bênção. A sua bênção, meu pai.

JERÔNIMO
Com todo o prazer. (*abençoando-os*) Deus os abençoe, meus filhos. Deus os abençoe, proteja, e felicite.

DOUTOR
(*apontando*)
Só a mão da Providência poderia formar este quadro.

FIM

TRÊS LÁGRIMAS

Drama brasileiro
Em três atos e sete quadros

Representado pela primeira vez no
Teatro de Santa Isabel,
em junho de 1869, no Recife.

NÃO DEIXEM DE LER

Em dias do mês de junho deste ano uma voz generosa vinha anunciar-me uma grande novidade, não só para mim senão também para muita gente, que sabe quanto impera o egoísmo entre nós: era a sociedade cearense – *Dezessete de Janeiro* – que me fazia ciente, por intermédio de seu digno sócio, o Sr. Severino Duarte, de que realizaria à sua custa a publicação do presente drama sem exigir de mim o mínimo serviço, o mínimo óbolo em retribuição – obséquio grande, duas vezes grande: primeiro por ser um obséquio; segundo por ser trazido pela espontaneidade de um cavalheirismo raro – espécie de moeda antiga, de ouro estreme, que aparece uma vez ou outra na circulação para contrastar, por pureza do metal, com o infame quilate do nosso dinheiro de hoje.

Fiquei penhorado em excesso. Serviços de tal ordem constituem uma dívida, que perdura sempre no coração sinceramente reconhecido e a que se pode chamar a cicatriz do benefício.

Aceitando o excelente favor, apressei-me em publicar nas folhas diárias desta cidade as palavras, que aqui reproduzo, para que tivesse pronto e vasto eco o meu voto de gratidão.

"Acabo de receber um assinalado serviço da sociedade DEZESSETE DE JANEIRO, incumbindo-se de efetuar, a expensas suas, a impressão do meu drama – *Três Lágrimas*.

"Não é só isso um serviço, mas principalmente uma glória das mais gratas, que porventura já conto e possam ainda caber-me na minha vida literária; glória, sim, porque o ato da Sociedade foi todo espontâneo, vindo seu aviso surpreender-me no humilde recesso de minha obscuridade; glória, decerto, e sobeja honra para mim por ter despertado, tão pequeno e despretensioso, como sou, esse avanço de generosidade e essa solene prova de consideração de tão respeitáveis e beneméritos concidadãos."

"Aqui deixo registrados os nomes dos Ilmos. Srs. Alfredo Henrique Garcia, Cândido Casimiro Guedes Alcoforado, João Joaquim Alves, Severino Duarte, Dr. Chrysólito de Castro Chaves, João de Sá Leitão Júnior e Francisco Vieira Perdigão, esclarecidos membros da diretoria da Sociedade, aos quais especialmente devo tão avantajado favor, e a quem venho dar público testemunho de meu profundo reconhecimento."

A prova de que a sociedade cumpriu sua promessa está na presente publicação. E cumpriu-a esplendidamente, não economizando esforços nem despesas para lançar na zona literária um nítido volume, pelo qual se tivesse um reflexo, bem que, mesmo assim, escasso do brilhantismo de suas intenções.

Por agora é só o que me é lícito dizer à Sociedade Dezessete de Janeiro.

Mas no retiro e no silêncio de minha pobreza e de minha obscuridade faço votos para que melhores tempos me conduzam ocasião de melhor provar-lhe quanto seu obséquio me deixou fundo e vivo traço no coração.

FRANKLIN TÁVORA
Recife, 8 de julho de 1869.

*Meu bom amigo**:

Desde que lhe fiz a leitura deste insignificante trabalho, formei tenção de oferecer-lho como prova de meu preito aos seus talentos e

---

* Carta endereçada ao ator Joaquim Augusto. (N. do Org.)

às suas glórias. O muito que depois fez, já por si, já de combinação com o empresário do Teatro de Santa Isabel, o Sr. Duarte Coimbra, para que o drama tivesse o sucesso que lhe dispensou a reconhecida indulgência do público do Recife, veio confirmar o propósito contraído, porque trouxe-me outros motivos para fazê-lo – os motivos da amizade e da gratidão.

Creia que o estimo e que o admiro. Creia também que, na qualidade de autor, muito espero de seus serviços e merecimentos para a elevação do teatro nacional – tarefa esta em que aqui mesmo na província uma brilhante juventude se empenha com todos os devotamentos do talento e do esforço patriótico.

Pelo que me diz respeito, aqui fico a escrever as minhas bagatelas como esta, que sempre tem o proveito de chamar melhores lutadores à arena. Não posso fazer mais.

Desejaria muito que este drama fosse representado aí, fazendo sempre o senhor o papel de "Coutinho". Desejo vão! "As composições da província – dizem os elegantes da corte – são chatas e broncas". E não sei se eles têm razão. Como quer que seja, eu o coloco sob seus auspícios.

Adeus.

Seu amigo do coração,

FRANKLIN TÁVORA
Recife, 8 de julho de 1869.

PERSONAGENS

COUTINHO, ator
LUIZ, ator
ARTUR, estudante
FONSECA, empregado público
BARÃO DE SANT'ANNA
BARÃO DE SERINHAÉM
CONSELHEIRO
AZEVEDO, empregado público
TAVARES, caixeiro do barão de Sant'Anna
ADELAIDE, filha de Fonseca
OLÍMPIA, filha do barão de Serinhaém
VIRGÍNIA, filha do conselheiro
MARCELINA, viúva pobre
GEORGINA, atriz espanhola
Atores convidados, homens do povo, criados etc.

A ação é da atualidade
e passa-se no Rio de Janeiro.

ATO PRIMEIRO

Primeiro quadro

(*Salão esteirado. Portas e janelas ao fundo, que abrem sobre um terraço, orlado por um meio gradil através do qual se deixa ver uma estrada. Portas laterais. À esquerda um gabinete ocupando uma quarta parte do cenário. É noite. Moderada claridade de lua fora, na estrada.*)

Cena I

Fonseca, Adelaide
(*sentados*)

FONSECA
Folgo de ver-te, minha filha, já convalescida dessa intensa aflição moral, que fora uma loucura, um delírio abominável.

ADELAIDE
Graças à sua solicitude, meu pai, a crise esvaeceu-se, restando-me dela apenas, para não ser como se não existira, uma vaga recordação.

FONSECA
Uma recordação que afinal se dissipará também, não é verdade?

ADELAIDE
Há de ser assim.

FONSECA
E queiram lá vedar aos pais o direito de velarem pela sorte dos filhos! Absurda fora a lei, que tal proibição consagrasse; tão longe não leva a liberdade da prole. As primeiras, as únicas e perfeitas são as leis do coração.

ADELAIDE
(*maquinalmente*)
As leis do coração... (*pausa*)

FONSECA
Observa, observa-te, Adelaide. És outra. Estás irradiada de uma suave e tranqüila formosura. A uma rosa assemelha-se teu rosto angélico...

ADELAIDE
Tenho no rosto a rosa, e os espinhos da rosa onde devo trazê-los eu, meu pai?

FONSECA

Os espinhos...

ADELAIDE

Foi um gracejo.

FONSECA

Bem sei. Que mais podes aspirar? Na mulher a beleza é o máximo tesouro se se acha aliada à altivez. Beleza altiva é beleza inteira.

ADELAIDE

Quer dizer...

FONSECA

... que as primeiras impressões não são as que devem determinar a posse do coração. O amor-próprio é a primeira virtude na mulher de encantos. Amar não é ceder ao primeiro impulso do sentimento: é receber a direção da reflexão.

ADELAIDE

(*com ressentimento*)

Não voltemos a esse passado amargo. Não vê? O que mais quer? Sua vontade... cumpri-a.

FONSECA

Obrigado por mim e por ti, Adelaide. Se soubesses que só para assinar-te um futuro feliz foi que vi-me forçado... a... contrariar-te... Oh! Estremeço por ti, meu anjo. (*Adelaide limpa uma lágrima*) Agora, sim: minha santa vaidade se alimenta dos incensos, que te queimam. Desejam possuir-te pessoas, que estão no caso de felicitar-te. Meus quarenta anos ainda me deixam ver quanto basta para conhecer que és adorada... queres que te diga por quem? (*ar de riso*) Pelo barão de Sant'Anna. Enganar-me-ia?

ADELAIDE
Pelo barão!

FONSECA
Desculpa a franqueza, quase leviandade de um pai extremoso, cujo único anelo nesta vida consiste em ver sua filha amparada. Meus parabéns pela conquista, menina.

(*Luiz aparece além do gradil, na estrada, e mostra precaver-se para não ser pressentido.*)

Cena II

Os mesmos, CRIADO, LUIZ, *ao fundo*

CRIADO
(*pela direita, o senhor Visconde e mais alguns convidados. A Luiz, a meia voz, à porta do fundo*)
É a senhora mesma. Tenha cuidado. (*sai*)

FONSECA
Não vás ficar pensativa, Adelaide. Dá-me um beijo. (*Adelaide beija-o na fronte*) Adeus. (*sai. Adelaide começa a chorar. Luiz pula sobre o gradil e entra*)

Cena III

ADELAIDE, LUIZ, CRIADO, *no fim*

LUIZ
(*espreitando*)
Está só? Não me engano?

ADELAIDE
(*esquiva*)
Senhor, o que faz?

LUIZ
Ah! Pois julgava-me tão forte... Debalde! Não pude resistir. Fora inútil tentá-lo por mais tempo. Achar-me-iam morto, achar-me-iam sombra e desolação no silêncio de mim mesmo! (*pega-lhe das mãos*) Nada tema. Ninguém nos virá interromper. Deixe-me beijar-lhe os dedos. (*Adelaide recusa*) Nega-mos? Não importa. Curvar-me-ei assim... (*curva-se*) Vê?... E beijarei, aturdido de amor, a fímbria de seu vestido arrendado. (*beija-a*)

ADELAIDE
Não me comprometa. (*inquieta*) Se alguém aparece!... Olhe meu pai.

LUIZ
(*com valor*)
Que venham... quem quiser... todos... ele próprio! Quererão também exigir de mim que meu pobre coração não possa viver ao menos do que a ninguém é lícito tolher – a vida interna, o amor oculto, o interesse modesto, a abnegação inevitável? Não. Eles não seriam tão exigentes. O que podiam fazer, fizeram-no. O cômico, o artista não devia ter por consorte a filha de João da Fonseca, porque a sociedade cospe os artistas. Muito bem, muito bem; estão no seu direito. Mas o direito que a sociedade não tem sobre o ator é o de patear as efusões irresistíveis de seu coração. O coração é um cenário onde só se aplaude. O ruído das apupadas do mundo não entra neste recinto (*mão no peito*) impenetrável ao que é vil e ridículo.

ADELAIDE
Peço-lhe, pelo céu, que me deixe, Luiz.

LUIZ
O que é isto? Já me despreza, minha senhora? Conseguiram que o fizesse? (*com dor*) Tudo podem esses homens. Só eu não tenho forças para destruir meu anátema!

ADELAIDE
(*como fora de si*)
Desprezá-lo?

LUIZ
(*impaciente*)
Como diz?

ADELAIDE
(*transporte sublime*)
Eu o amo!

LUIZ
(*fora de si*)
Sim? Ainda, querido anjo? Não há Cristo sem Cirineu. Para que maior ventura? Amar-me-á sempre, Adelaide?

ADELAIDE
Vá. Não me mate. Nem mais um instante.

LUIZ
Irei. (*tira um cartão do bolso*) Vê este retrato? É o seu.

ADELAIDE
O meu?

LUIZ
Comprei-o ao fotógrafo. Vi-a passar sábado de carnaval, acompanhei-a de longe, até que

entrou na oficina. Conheci-lhe o destino, e dois dias depois tinha eu sua imagem conchegada ao meu peito, sempre, em casa ou na rua, dormindo ou em vigília.

ADELAIDE
Retire-se por quem é. (*vai a sair*)

LUIZ
Uma palavra: perdoa-me a temeridade?

ADELAIDE
Adeus.

CRIADO
(*à porta*)
Senhor, vem gente. (*sai*)

LUIZ
Adeus... Até quando?

ADELAIDE
Até... mais nunca! (*desaparece*)

LUIZ
(*soluçando*)
Meu Deus! Meu Deus! Esta dor mata-me! (*corre e desaparece por onde e como entrou*)

Cena IV

Coutinho, Azevedo

Coutinho
Fora difícil acreditá-lo se sua lealdade não me impusesse a veracidade do fato.

Azevedo
São naturais seus escrúpulos.

Coutinho
Há de convir em que o são.

Azevedo
Mas... triste verdade, com efeito!

Coutinho
Mais do que triste – horrível!

Azevedo
Aqui não há olhos curiosos, que nos observem, nem ouvidos indiscretos que nos escutem. Quer saber tudo?

Coutinho
Sentemo-nos. (*sentam-se*) Fale.

Azevedo
(*depois de pausa*)
Havia um mês que meu irmão chegara da

Europa; estávamos então na Tijuca. Uma noite tornava eu a casa, tarde já, de volta de uma visita a um amigo. Aproximando-me deste sítio, lobriguei aqui, ao pé do arvoredo da estrada, um vulto pardo, espectro ou fantasma indeciso que se confundia na sombra.

COUTINHO
Louco e desventurado amante! Se ele o soubesse!...

AZEVEDO
Em a noite subseqüente à mesma hora, pela mesma ocasião, o mesmo incógnito sob a folhagem; vi-o. Demorei-me oculto debaixo de uma árvore para devassar o mistério. Um instante depois aquela porta (*indica*) deu entrada ao indivíduo.

COUTINHO
Não o conheceu?

AZEVEDO
Fiquei ali colado, ao relento, com o tronco da árvore, cuja sombra cobria-me como de um manto impenetrável. Se eu amava tanto, tanto essa mulher! Às quatro horas da manhã deixava a casa o forasteiro. Uma voz, como um sopro suave, soou de dentro, fugaz, sufocada, quase imperceptível. E dizia assim: "Vem amanhã?...". Responderam-lhe: "Até amanhã."

COUTINHO
Depressa. Acabe.

AZEVEDO
Foi a dor, foi o desespero que entrou-me na alma. Ambas aquelas vozes, apesar de contrafeitas, conheci-as todas. Esses infames amantes eram a filha do Fonseca e o barão de Sant'Anna.

COUTINHO
Ter-se-ia acaso enganado? Poderia ser isso uma vaga preocupação de seu espírito.

AZEVEDO
Juraria que não.

COUTINHO
Então era um crime?

AZEVEDO
Ainda o pergunta? Era a desgraça de uma mulher, cuja grinalda de pureza rolava no chão. Era a neblina azul e vaporosa das tardes estivas, desfeita por sopro de tormenta.

COUTINHO
Ah! Mulheres! Eu vos detesto.

AZEVEDO
O que me diz agora?

COUTINHO
Tenho acaso o direito de não acreditar no senhor? Infelizmente não!

AZEVEDO
Bem vê. O fato coloca abaixo de réprobo o barão que devera estar na calceta*.

COUTINHO
Penso de modo diverso. Ela é que devera ficar, para punição de sua baixeza...

AZEVEDO
É mulher, senhor; é fraca.

COUTINHO
Fraca? Até onde querem levar a fraqueza da mulher? Fraca! O senhor engana-se.

AZEVEDO
O que diz?

---

* *Estar na calceta* significa a situação do indivíduo condenado à calceta. Antigamente consistia em ficar preso com uma argola de ferro fixada no tornozelo, ligada à cintura dele próprio, ou ao pé de outro prisioneiro, unidos por uma corrente de ferro. É o mesmo que grilheta. (N. do Org.)

COUTINHO
Não a lamento, causa-me asco. Recusou a mão ao ator para vender corpo e alma ao agiota ignóbil. Fracos somos nós, os homens, senhor Azevedo. Fraco é o senhor que ama ainda esse áspide, é o Artur que a idolatra, é o Luiz que enlouquece!

AZEVEDO
Faz-lhe injustiça, senhor Coutinho. Ela não casou com o Luiz por tê-lo proibido expressamente o pai.

COUTINHO
Vem o Artur. Deixe-nos sós um instante.

AZEVEDO
Mas não vá prejudicar-me, nem à pobre moça. É possível que se levante do abismo ainda.

COUTINHO
Aposto minha cabeça. O barão começa a saciar-se e o nosso Código não obriga a casar. Excelente! Magnífico! Aplaudo de coração os barões. São admiráveis!

AZEVEDO
Até outra vez. (*sai, enquanto que Artur entra*)

Cena V

Coutinho, Artur

ARTUR
(*falando para dentro*)
É linda como as tendas de Cedar, na frase de Salomão.

Coutinho
(*em galhofa*)
Poeta, quem derramou os vulcões do infinito dentro das crateras de tua alma?

Artur
Deus, só Deus!

Coutinho
(*gravemente*)
Louco! O mar onde sua alma sobrenada julgando-o de leite, é um pélago negro, juncado de urzes e povoado de espectros.

Artur
Não repita estas palavras que matar-me-ia. Sei que as diz de propósito. É impiedoso.

Coutinho
Antigamente as mulheres casavam por amor. Hoje são mais agiotas que os contrabandistas.

ARTUR
Quanta acrimônia nestas palavras!

COUTINHO
Conhece o romance dessa mulher? Um dia sentiu amor por um homem. Seu pai disse-lhe que rompesse o fio de seus afetos e ela respondeu-lhe: "Rompi-o". E matou sua alma! Tê-la-ia ela?

ARTUR
A Adelaide ama-me, Coutinho!

COUTINHO
Faz-me rir um momento, o senhor.

ARTUR
Serei então um imbecil?

COUTINHO
É uma criança, um coração fogoso, uma imaginação generosa, um espírito de mancebo de província, que toma as miragens sedutoras, mas fugitivas, por numes benditos. Não tem pai, serei seu pai; não tem mãe, serei sua mãe. Serei a sombra de um e de outro, aqui, ali, impertinente, sempre a seu lado, em qualquer parte. Sou seu amigo, e um amigo é uma providência.

ARTUR
Muito me penhora semelhante dedicação, mas...

COUTINHO
Pode dizer.

ARTUR

Rejeito a solicitude que não tiver por fim aproximar-me daquela estrela de aspecto divino.

COUTINHO

Sabe a história dos anjos que se transformaram em demônios?

ARTUR
(*indicando dentro*)
Olhe. Veja. Deliro pelos teus encantos, personificação da beleza que danças.

COUTINHO
(*batendo-lhe no ombro*)
Tenho uma coisa muito bonita... não! Muito lúgubre, dolorosa para contar-lhe.

ARTUR
(*voltado para dentro*)
Estou ouvindo.

COUTINHO

É inoportuna a ocasião. Aí está o Fonseca.

ARTUR
(*distraído*)
A que respeito, a história?

COUTINHO
A respeito de um pai e de uma filha que se desgraçaram pela ambição de posição e de riqueza. É uma história da época, palpitante de atualidade.

Cena VI

Os mesmos, FONSECA

FONSECA
(*entrando*)
Não lhes perdôo. Pois fogem aos gratos alvoroços do baile? (*para Artur*) Não parece ser ainda um estudante, isto é uma alma vaporosa que acha alimento nos ruídos e nas impressões fortes.

ARTUR
Prefiro o isolamento com um amigo no rumo vertiginoso de indiferentes. Têm mau efeito as impressões fortes, desde que delas cai-se inevitavelmente no cansaço ou na apatia da sociedade, a mais aborrida de todas as apatias.

COUTINHO
Ele é poeta, e a poesia expande-se na solidão – diz um autor.

FONSECA

Não nasci para isso evidentemente. A solidão me incomoda o moral, quando não faz-me dormir. Palpitações, bulício, luta – nos homens e nas coisas –, eis a vida. Demais o doutor está próximo de arrojar-se, com o pergaminho na mão, às ondas do grande mundo, onde rara vez paira a calmaria. Não conclui este ano seu curso?

ARTUR

Assim o espero.

FONSECA

Muito me apraz ver cada dia os progressos dessa mocidade que sai das academias, túmida de vida, perguntando ao passado o que fez de sua pátria, e ensinando ao futuro o caminho por onde deve conduzi-la. Mocidade, és o braço direito, o riso d'ouro do país!

ARTUR

Esta linguagem excita-me. Se soubesse quanto me eletriza quando ouço as palavras *pátria, progresso, mocidade, futuro**!

COUTINHO

Bravo!

---

* Em itálico no original. (N. do Org.)

FONSECA
Aliste-se quanto antes na política.

ARTUR
É demasiado cedo.

COUTINHO
Por esta face há de ser sempre um estudante, isto é, viverá de ilusões.

FONSECA
Pois justamente nisso é que conviria descriminar-se – e decidir-se. O vácuo é o indefinido. O poeta pode viver no vácuo, enquanto que o homem público tem necessidade de palpar a realidade. Poesia! Que diabo é poesia?! Significa esterilidade, abstração. Pense-se no interesse, no interesse, meus senhores. É a palavra mais eloqüente dos dicionários, a senha cabalística da grande maçonaria social.

ARTUR
E o talento?

COUTINHO
E a virtude?

FONSECA
O talento? A virtude? Talento pobre e virtude pobre não são nem virtude nem talento; perfumes

perdidos no ar, vazados de um cálice de flor, vagos, impalpáveis; notas cadenciosas que passam.

ARTUR
Perdão, senhor Fonseca. Esta teoria...

FONSECA
Não lhe agrada? Nem também a mim. Creia, porém, que é a verdade por excelência deste nosso mundo, ou abstrusa sociedade. Assim têm ido os homens e as coisas. Tome meu conselho: vá com ambos como têm ido todos, até que um dia apareça por si mesma a mutação da vista. (*toca a orquestra*) Deixemos estas coisas sérias.

ARTUR
Diga fúnebre, senhor Fonseca.

FONSECA
O prazer nos chama. Vamos. (*dá o braço a Artur e saem todos*)

Cena VII

OLÍMPIA, ADELAIDE, ARTUR, *depois*

OLÍMPIA
(*fitando Artur dentro de si para si*)
Evita-me. (*aproxima-se de um espelho a que conserta o penteado*)

ADELAIDE
(*entrando*)
Estou cansada. O baile é uma perdição. A valsa uma vertigem louca. (*para Olímpia*) Estava aqui, D. Olímpia?

OLÍMPIA
Fujo um instante ao movimento para reparar as forças perdidas.

ADELAIDE
(*sentando-se*)
Parece contudo não ter dançado ainda.

OLÍMPIA
Ainda não.

ADELAIDE
Admira. A sociedade, que enche as salas, convida ao prazer. Não lhe parece?

OLÍMPIA
Sim, mas sofri um pouco. Estou agora melhor. Foi uma ligeira perturbação da cabeça. Não sei o que tenho, o muito rumor danifica-me o organismo. Meu espírito dir-se-ia talhado para impressões brandas.

ARTUR
(*entrando*)
O salão reclama a presença das duas rosas

esquivas. As mulheres belas são vestais – não têm o direito de deixar extinguir-se o fogo sagrado da pública admiração. Pertencem ao culto dos fiéis, como as lâmpadas do templo.

OLÍMPIA
O doutor fala de rosas, quando aqui existe uma apenas. (*indica Adelaide*) Para quem estudou a botânica é um erro indesculpável. (*Adelaide olha Artur com desdém*)

ARTUR
(*olhar de paixão para Adelaide*)
Se o naturalista pode enganar-se com as flores, o poeta nunca se enganará com os anjos.

OLÍMPIA
Os homens lisonjeiam sempre.

ARTUR
Os poetas nunca!

Cena VIII

Os mesmos, BARÃO DE SANT'ANNA

BARÃO
(*para Adelaide*)
Aceita meu braço?

ADELAIDE
(*erguendo-se*)
Sua vinda foi uma providência, senhor barão.

BARÃO
Não a percebo. Que quer dizer?

ADELAIDE
Nesta sala há um princípio miasmático... (*aludindo a Artur com olhar de soberano desdém*) que me faz mal aos nervos. Fica, D. Olímpia? (*saem*)

OLÍMPIA
(*a Artur*)
Não dança? (*Artur acompanha Adelaide e o barão com vistas de amor e de despeito. E sai até ao fim da cena*)

ARTUR
(*descendo*)
Soberbo luar! (*Olímpia medita. A Olímpia*) Vossa Excelência não dança?

OLÍMPIA
Com quem?

ARTUR
Deus meu! Não há de faltar nas salas. A formosura é o ídolo de uma espécie de religião

cosmopolita – em toda parte depara com dedicações e culto.

OLÍMPIA
Tanta lisonja, senhor! Depois esses apóstolos incensam as imagens, mas não as adoram.

ARTUR
Vossa Excelência conhece-os, os falsos cultores?

OLÍMPIA
Conheço-os e desprezo-os tanto quanto me devoto aos sacerdotes leais.

ARTUR
Parece ter nascido, não para viver nas sacristias e sim nos altares. O salão não é a sacristia do templo da vaidade e da corrupção?

OLÍMPIA
Talvez diga a verdade, doutor, ao meu respeito. Desprezo a lisonja, detesto a adulação, abomino a vaidade. Causa-me horror a conquista calculada. Admiro e almejo um amor verdadeiro, veemente, heróico como o de Fausto. Os turibulários não podem incensar-me; que diz?

ARTUR
Felicidade inaudita a de Vossa Excelência, minha senhora.

Olímpia
Sem embargo este quadro tem um reverso negro e frio. Minha alma é imensa e eu preciso de amor, de muito amor, ouviu? Não se espante com essa expansão. Não julgue mal de mim. A mulher, que não finge, se não merece louvores, tem o direito de não merecer condenação.

Artur
Certamente.

Olímpia
Toda a extensão de minha alma está vazia, senhor!

Artur
Não se lamente. Calipso não se julgaria infeliz de ser imortal se não tivesse visto Ulisses.

Olímpia
Pareço-me tanto com Calipso quanto Ulisses com Fausto, doutor. Dê-me seu braço. Preciso de seu braço. (*quando vão a sair, vem entrando Azevedo e Tavares*)

Cena IX

Azevedo, Tavares

Tavares
(*acompanhando Artur com a vista*)
Tem-me cara de literato mesmo, cara compreendendo o nariz. (*voltando-se para Azevedo*) O que estariam dizendo estes dois inocentinhos?

Azevedo
Banalidades de salão. Coisas que foram de ontem, que são de hoje e que serão de amanhã.

Tavares
Tens notado?

Azevedo
O quê?

Tavares
O tal estudante bebe os ares pela filha de Fonseca, e a filha do barão de Serinhaém derrete-se, como um sorvete, de amores pelo estudante.

Azevedo
Não lhes invejo o desacordo.

Tavares
E todavia a filha do Fonseca despreza o Artur, enquanto que este por sua vez despreza a menina Olímpia. Que indecente desconchavo.

AZEVEDO
Isso é que é o pior.

Cena X

Os mesmos, Coutinho, Barão de Sant'Anna

COUTINHO
O doutor Artur?

TAVARES
Planeta, parasita – gira na penumbra do astro.

BARÃO
(*entrando*)
Sabe, senhor Coutinho, quem seja esse moço com quem esteve a conversar há pouco em companhia do barão de Serinhaém?

COUTINHO
Estranho que o não conheça. É um meu amigo.

BARÃO
Então acha singular que eu não conheça seus amigos?

COUTINHO
Disse mal, e corrijo-me.

BARÃO
Ainda bem.

COUTINHO
Quero dizer que admiro que Vossa Excelência não conheça um talento vigoroso que atualmente quase toda a corte aplaude com entusiástica admiração.

TAVARES
(*a meia voz a Azevedo*)
Toma!

BARÃO
Se eu lhe perguntasse a como está o câmbio na praça, teria razão para admirar-se.

COUTINHO
Mas creio que Vossa Excelência também consagra alguns momentos à literatura.

BARÃO
Não, engana-se. Literatura! O Brasil há de ganhar muito com os poetas e romancistas. (*vai dando a andar*)

COUTINHO
(*a meia voz, a Tavares e Azevedo*)
Não há de ganhar menos do que o que ganha com os barões.

TAVARES
(*a meia voz*)
Bom! Bom! (*aperta a mão a Coutinho com regozijo, mas deixa-a de chofre logo que o barão se volta*)

BARÃO
(*voltando-se*)
Ouvi-o, senhor. Saiba que tenho ótimo aparelho. (*tocando com os dedos nos ouvidos*)

COUTINHO
Estimo muito. O que disse-lhe pelas costas, posso repetir-lho em face, se Vossa Excelência o exige.

TAVARES
(*como acima para Azevedo*)
Estou me entusiasmando com este próximo. É de encher-me as medidas.

BARÃO
É muito amigo, pelo que vejo, do tal espírito de literato.

COUTINHO
O escárnio não fica bem aos lábios de um cavalheiro; e, na ausência daquele a quem é dirigido, revela covardia em quem o dirige.

AZEVEDO
(*a meia voz a Tavares*)
Esta foi ótima.

BARÃO
A prudência manda calar-me.

COUTINHO
Todos nós nos devemos mútuo acatamento.

BARÃO
Não aceito lições de cortesia.

COUTINHO
E só as daria eu a quem elas pudessem aproveitar.

BARÃO
Veja que o senhor é um cômico.

COUTINHO
Veja que o senhor é um barão.

Cena XI

Os mesmos, ADELAIDE

ADELAIDE
(*ao barão*)
Conduza-me à *toilette*. Morre-se abafada nas salas.

BARÃO
(*dando-lhe o braço*)
Nada me deve. Também agora foi Vossa Excelência uma providência para mim. Estamos, portanto, quites; salvou-me de cometer um escândalo! (*dão a andar*)

ADELAIDE
Explique-se. (*desaparecem*)

COUTINHO
(*acompanhando o barão com a vista*)
Títulos de nobreza convencional e maços de notas do Banco são tudo a mesma coisa. Cassam-se os primeiros, perdem-se os segundos na circulação, ou apreendem-se quando são falsas, como acontece muita vez.

TAVARES
E então ele que dizem ser um barão conhecidamente passador de cédulas falsas. Não que eu saiba que ele as passe; é o que dizem. Sou seu caixeiro, mas verdade, verdade.

COUTINHO
O que é inconsuntível é a honra, é a virtude, é o saber. Sou um cômico! E profere-se com desprezo esta palavra! Mas a idéia de cômico me parece não excluir a de homem de bem.

####### Azevedo
Pois gostei de ouvi-lo. Enfim aquele pedante é um barão.

####### Coutinho
Sempre é bom dizer que é um barão da regra, porque os há da *exceção*; exemplo: o de Serinhaém, que não comprou seu título por dinheiro, mas conquistou-o por seus relevantíssimos serviços prestados aos desvalidos durante o flagelo da cólera morbo em 55.

####### Azevedo
Nem sei como o governo galardoou esse merecimento.

####### Tavares
Foi em um dos seus momentos lúcidos. (*a Coutinho*) Olhe que por causa do senhor achei-me na mais falsa das posições.

####### Coutinho
Não o compreendo.

####### Tavares
Pois não sabe que sou caixeiro do barão de Sant'Anna? Antes fosse *barão do diabo*.

####### Coutinho
Nem me lembrava de que aquele homem podia ter um caixeiro. Mas ei-lo que volta.

Cena XII

Os mesmos, ADELAIDE, BARÃO DE SANT'ANNA, ARTUR, OLÍMPIA, *convidados*

BARÃO
(*entrando e voltando-se para os que o acompanham*)
Não acham? A lembrança não é lá das menos oportunas.

OLÍMPIA
Sim. Um passeio agora pelo jardim não pode deixar de ser muito aprazível.

ADELAIDE
É mil vezes preferível o jardim à *toilette*.

ARTUR
Este ar, de muito respirado que está, sufoca.

(*Os convidados saem pelo fundo – Azevedo e Tavares também. O barão, Artur e Olímpia têm subido a cena. Adelaide vai colocar o* cache-nez *a um espelho.*)

COUTINHO
(*a meia voz a Adelaide*)
Sei tudo, minha senhora! Vossa Excelência é a Eloá do Vigny. Ali está o seu Satã! (*designa o*

barão que conversa com Olímpia à porta do fundo)

ADELAIDE
(espavorida – fulminada – o olhar desvairado)
Senhor! *(olha rapidamente para o grupo)*

Cena XIII

Os mesmos, menos AZEVEDO, TAVARES *e os convidados.* FONSECA, BARÃO DE SERINHAÉM, CONSELHEIRO

FONSECA
(ao barão de Serinhaém e ao Conselheiro)
Vão ver meu gabinete privado, o velho teatro das minhas recordações juvenis. *(ao barão de Serinhaém)* O que vão fazer?

BARÃO DE SANT'ANNA
Dar uma volta pelo jardim, ao luar que está soberbo.

FONSECA
Enquanto nós nos divertimos ao voltarete. *(atravessa a cena com o barão de Serinhaém e o Conselheiro, e entram no gabinete. O barão de Sant'Anna tem saído, conduzindo Olímpia pelo*

braço. Adelaide sai fora de si. Artur vai a sair, mas Coutinho pega-lhe da mão)

COUTINHO
Tenho que falar-lhe. (*descem a cena*)

BARÃO DE SERINHAÉM
(*no gabinete*)
Sua alma de adolescente como que a vê impressa neste aposento, nestes móveis a Luiz XIV, não digo a verdade?

FONSECA
Exatamente. Tempos felizes que se não repetem são as primeiras estações da juventude. Tudo é riso, amor, uma suave e embriagadora quimera. (*sentam-se em derredor de uma mesa*)

COUTINHO
(*a Artur*)
Insiste em amar a filha do Fonseca? (*já repreensivo*) Está louco.

ARTUR
Meu amigo, estas suas indevidas apreensões molestam-me. (*dá a andar para evitá-lo*)

FONSECA
Para quê? (*pausa*) Estou melhor. (*pausa*) Esperem. (*pausa*) Vou buscar as cartas. (*sai lenta-*

mente. *O barão e o Conselheiro acompanham-no com as vistas, colocados à porta do tabaque. Fonseca desaparece pela porta do fundo)*

(Fim do primeiro quadro.)

Segundo quadro

(Jardim. Parapeito e vasos com flores, ao fundo. Arvoredo. Caramanchéis. Assentos. Um alto cipreste. É noite. Lua fora.)

Cena XIV

TAVARES, AZEVEDO, *convidados*

(Os convidados, passeando, tomam pela esquerda. Tavares e Azevedo vêm sentar-se, a fumarem sob um caramanchel, à boca da cena.)

TAVARES
(com abandono)
Quando mordo nas esquisitices desses homens de salão, dizem que quero fazer-me de Diógenes, mas não passo de um Diógenes sem pipa. E deveras não é uma extravagância de grosso quilate conservar-se um cipreste em um jardim?

AZEVEDO
Não. Pelo contrário. Acho uma harmonia natural e filosófica talvez.

TAVARES
Filosófica! É boa! A filosofia é uma panacéia – justifica todos os disparates e aduba as idéias mais destemperadas.

AZEVEDO
Por que julgas despropósito o cipreste no jardim?

TAVARES
Porque o jardim é um lugar de recreio, de prazeres, de felicidade em suma. Tem perfumes, belezas naturais (*designa os arbustos*), belezas d'arte (*designa as estatuetas e os jarros*). Ao passo que o cipreste é um agouro de cemitério, uma espécie de mocho vegetal, cujos rumores são fúnebres como o canto dos mochos animais.

AZEVEDO
Pois sim. O cipreste, representando a dor e a morte, no jardim, que é o intérprete da alegria e da vida, explica a íntima relação que casa aqueles fatos heterogêneos.

TAVARES
Peço vista, meu caro. Aquilo não passa de uma das muitas novidades do Fonseca, uma

fantasia parva. O cipreste junto do cacto! Não perdôo.

AZEVEDO
Quanta beleza e verdade!

TAVARES
(*tira uma flor de cacto*)
Vê como é mimosa esta flor. (*mostra-lha*) Que cheiro delicado e fino! (*chega-lha ao nariz*) Escuta agora o sussurro agourento do cipreste. Estás ouvindo? Ora vê lá se são coisas que se harmonizem.

AZEVEDO
Por que não? A dor e o prazer são dois inquilinos de uma mesma habitação. Um ocupa os aposentos inferiores, enquanto que o outro os aposentos superiores. Mas os inquilinos vêem-se, cumprimentam-se, conversam, saem até de braço dado à rua.

TAVARES
São dois consortes que, por não poderem viver um sem o outro, sempre se acham juntos. Quando vem alguém procurar o marido, este chama sua esposa e apresenta-a ao seu hóspede. Quando sucede não encontrarem-no em casa, diz a mulher: "Sente-se. Meu marido não tarda. Espere um pouco."

AZEVEDO
Aceito a correção tanto mais justa, quanto aí a mulher simboliza a dor, e é da mulher que quase todos os desgostos se originam. (*levantam-se*)

TAVARES
(*dramático, recitando*)
"Metade do infeliz gênero humano
Deriva da mulher gosto e desgosto."

AZEVEDO
Bravíssimo! São teus estes versos?

TAVARES
São do grande Bocage. (*desaparecem por entre os canteiros da esquerda*)

Cena XV

BARÃO DE SANT'ANNA, OLÍMPIA

BARÃO
(*passando para a esquerda com Olímpia de braço*)
Aplaudo e admiro sua leviandade, minha senhora; e sobretudo seu ótimo gosto.

Olímpia

Acha leviandade? A isso chamo eu franqueza, verdade do coração. Perguntou-me, respondi-lhe. Sinto por esse moço uma dessas paixões loucas, delirosas, inevitáveis.

Barão
(*rindo*)

São singularidades do temperamento feminil. Vê esta flor de cacto que está no chão? É ele, é o Artur. Apanhe a flor e coloque-a no seu seio. (*designa a flor abandonada por Tavares*)

Olímpia
(*apanhando-a*)

Faço-lhe a vontade, senhor barão; curvo-me para erguê-la até mim. (*cai uma flor de cima de uma das trepadeiras*) Repare. Se tivéssemos de classificar as flores segundo as hierarquias que ocupam os homens na sociedade, poderíamos dizer que aquela flor, (*indica a que caiu*) pela sua altura, estava na hierarquia dos barões. Mas, veja: estava bem alto, e caiu de murcha, de podre, talvez. Esta, embora a houvessem abandonado sobre a grama, tem viço ainda e muita fragrância.

Barão

Tem mais malícia do que espírito Vossa Excelência.

OLÍMPIA
Ofendeu-se? Sem razão.

BARÃO
Vossa Excelência só pode ofender-se a si mesma.

OLÍMPIA
Tenho uma alma ardente, de vôos arrebatados. Desculpe estas efusões. Não está em mim sufocá-las. Quer continuar no passeio?

BARÃO
Sou um criado de Vossa Excelência. (*vão para a esquerda, enquanto Artur aparece à direita*)

Cena XVI

ARTUR, ADELAIDE

(*Artur vem sentar-se triste e meditativo.*)

ADELAIDE
(*entrando com arrebatamento*)
Procurava-o, senhor barão.

ARTUR
(*erguendo-se*)
Enganou-se, minha senhora.

ADELAIDE
Ah! Pois era o senhor?! (*recua*)

ARTUR
Por que me foge?

ADELAIDE
Desculpe o equívoco.

ARTUR
Sem dúvida esperava encontrar aqui... Era outro que esperava encontrar, não é verdade?

ADELAIDE
Sim. Tenho que falar com o barão de Sant'Anna.

ARTUR
Vossa Excelência mata-me com estas palavras.

ADELAIDE
Mas, senhor, as leis da decência não vedam que uma senhora fale a um homem.

ARTUR
Sim, sim, minha senhora; mas é que eu amo-a!

ADELAIDE
O senhor surpreende-me.

ARTUR
Amo-a com desvario.

ADELAIDE
Sinto não poder corresponder ao seu afeto.

ARTUR
(*com efusão*)
Não me mate, tenha dó de mim. Peço-lhe minha felicidade, e por isso não me envergonho de pedir. Não ria de minha paixão. Despreza-me porque não tenho as riquezas do barão? Que impiedade! Por quem é, diga-me que não adoro uma visão apenas. Seja o orvalho do céu (*indica o alto*) que refrigera a madressilva. (*designa esta planta*) Conforte-me. Derrame-me uma esperança sequer, neste mundo (*indica seu peito*) tão ermo delas! Deve ser bem grato um raio luminoso para quem sucumbe em um deserto de trevas. A generosidade é uma virtude.

ADELAIDE
Por Deus, senhor! Considere na inconveniência de tais revelações feitas no ermo, a uma mulher que tem o que perder. Desculpe-me esta rudeza; mas o senhor obriga-me a usar do direito de retirar-me. (*sai. Coutinho aparece à direita*)

ARTUR
Adelaide! (*prostrado*) Solidão, tudo solidão, aqui nesta alma. Amanhã será a morte! (*medita abatido*)

Cena XVII

ARTUR, COUTINHO

COUTINHO
(*indicando-lhe a cadeira*)
Amanhã será a vida, a elevação, a felicidade. O futuro para o senhor é um riso. Coragem!

ARTUR
Ela me despreza porque sou pobre.

COUTINHO
Amanhã será rico e grande, digo-lhe eu; mas há de ser altivo, peço-lhe; altivo para todos esses parasitas que se abraçam às grandes árvores porque vivem de seiva como os vampiros de sangue de outrem, e que fogem das flores porque as flores só têm perfume.

ARTUR
Mas esta dor...?

COUTINHO
Vive só pelo coração? Onde está o seu talento? Bem dizem que o muito talento perde o homem.

ARTUR
O talento vestido de andrajos é o Cristo carregando a cruz por entre espinhos e sangue – só concentra escárnios e apupadas.

Coutinho

Tranqüilize-se. Todos os tesouros do mundo poderiam fazer uma cabeça como a sua?

Artur

Talento, eu te renego! Dinheiro, eu te abençôo! Tu és a divindade do mundo! Dêem-me dinheiro, que eu sou um miserável. Dêem-me dinheiro e cuspirei na inteligência e cederei a honra!

Coutinho

Não haverá remédio para esta insânia!? Desprezo essa mulher que o escarneceu à face do céu e da solidão. O que vale? Aqueles lábios perderam o néctar da virgindade: ficou-lhe a impureza, como em boca de serpe se guarda a peçonha mortífera. O senhor é um moço pobre, porém de honra e de gênio.

Artur

Caluniam-na.

Coutinho

Quer o amor e a virtude? É insensatez procurá-los em uma mulher que ludibria das afeições mais santas, quando não voam até ela com asas... de ouro!

Artur

Tem razão.

Coutinho
Confie na Providência. Continue a cultivar o abençoado solo de seu espírito e a trilhar este caminho de invejável e modesta probidade. Deixe a filha do Fonseca para o barão.

Artur
Oh! Quanto esta idéia me punge!

Coutinho
Procura a felicidade? Não há de achá-la em dinheiro ou em frágil beleza. O casamento vantajoso não consiste nos encantos de um rosto ou em um volumoso dote; é aquele em que os lábios da mulher conservam a pudicícia do berço, e são ungidos por perfumes de um inocente amor.

Artur
Suas palavras estão me fazendo bem, meu amigo.

Coutinho
Os poetas não devem ajoelhar-se e render culto a um ídolo profanado.

Artur
Profanado! Que dor, Deus meu!

COUTINHO
(*a meia voz*)
Veja, veja. Aí vem ela. Retiremo-nos e ocultemo-nos sob o caramanchão. Vão ter decerto, ela e o barão, uma cena de recriminações. Lancei combustível para isto em seu espírito.

ARTUR
Vamos. (*desaparecem pela direita. O barão entra pela esquerda*)

Cena XVIII

BARÃO DE SANT'ANNA, ADELAIDE

BARÃO
(*como se dirigindo a eles*)
Não me viram? Pois eu vi-os de sob a folhagem e alguma coisa ouvi. E é um cômico arvorado em Desgenais! Custar-lhe-á caro, talvez.

ADELAIDE
Busco-o há um século.

BARÃO
Tanto não tem de idade, juraria eu, salvo se é como aquelas visões da Antigüidade que, adormecidas durante cem anos, despertavam depois no mesmo viço de mocidade e formosura.

ADELAIDE

Assemelho-me àqueles milionários que se deitam com as chaves do cofre sob o travesseiro, e, quando acordam, acham-se roubados. Que é feito do meu tesouro, senhor barão?

BARÃO
(surpreso)
O seu tesouro!...

ADELAIDE

O senhor roubou-mo e nas salas já se sabe que foi o senhor o autor desse delito; o Coutinho disse-mo a mim.

BARÃO

O Coutinho! Ainda se fosse o Artur, com quem há pouco a senhora conversava com todas as ternuras de um coração justamente correspondido!...

ADELAIDE

Falta à verdade ou diverte-se em agravar minha angústia. Será crível que pretenda abandonar-me na minha queda?

BARÃO

Adelaide, a senhora é uma moça de corte; conhece os segredos da vaidade e fala corretamente a linguagem da simulação.

ADELAIDE

Sem dúvida dá corpo a um mero pretexto para escapar-me; furta-se o jasmim da rama para aspirar-se seu aroma – quando deste nada mais resta, atira-se a flor ao chão. Mas é indigno, senhor barão, por imaginários motivos repudiar-se uma mulher que se sacrificou. Vale antes embeber-se-lhe um punhal no peito; e vê? Aqui lhe ofereço meu colo a descoberto. Os arvoredos do jardim são sombrios, os olhos da noite são cegos, os raios da lua – bem o sabe – não costumam revelar os segredos dos ermos.

BARÃO
Recorre ao patético para mascarar sua perfídia?!

ADELAIDE
(*dolorosamente*)
Perfídia!

(*Coutinho e Artur passam à sorrelfa da direita para a esquerda.*)

Cena XIX

Os mesmos, ARTUR, COUTINHO

COUTINHO
(*indicando os dois*)
Vê?

Artur
Grande Deus!

Coutinho
Acredita?

Artur
Um pouco mais. Quero esgotar o cálice. (*escondem-se*)

Adelaide
Adivinho estar por terra, e que não será sua mão que há de levantar-me; em mão de algoz pode caber misericórdia? É profundo o abismo, e seu braço, de pouco generoso que era, tornou-se pérfido.

Barão
Supõe-me tão néscio, que não lhe conheça o disfarce?

Adelaide
Senhor: fará o obséquio de dizer-me se isto é um sonho?!

Barão
Insiste? Compreenda-me de uma vez por todas. Não daria nunca minha mão a uma mulher que se entregou a ósculos de outro homem, embora fosse eu o primeiro a osculá-la.

ADELAIDE

Senhor: nunca me passou pela mente que pudesse um homem ser tão infame! Onde é que tem a vida? A vida reside no coração...

BARÃO

... e na cabeça.

ADELAIDE

E o senhor terá coração?

BARÃO

Para o homem social a vida inteira reside na cabeça.

ADELAIDE

(*resoluta*)

Pois bem: tenha presença de ânimo para levar-me à última conseqüência de sua indignidade. Bata-me com a cabeça contra este mármore ou corte-me a respiração com este cinto. Mateme, que não me mata, dá-me a vida. (*Fonseca aparece*)

BARÃO

Delira!

ADELAIDE

(*em pranto*)

Não sente quanto o silêncio da chácara é profundo e solene? Oh! Parece-me que tudo...

o céu... as flores... o luar... tudo tem compaixão de meu infortúnio e prepara-se para pedir-lhe... não! para ameaçá-lo com um remorso tão vasto como a minha perdição! (*Fonseca aproxima-se pálido e desvairado*)

Cena XX

Os mesmos, FONSECA

FONSECA
Que espetáculo, que desgraça é esta? Adelaide! Senhor barão! Digam-me o que tudo isto significa. (*Adelaide deixa-se cair de joelhos, com a cabeça inclinada, em pranto, sobre o banco de pedra*)

BARÃO
O senhor não estava jogando, senhor Fonseca?

FONSECA
Joguei e... perdi! Joguei meu único possuído, e o senhor ganhou-mo. Não, roubou-mo!

BARÃO
Tem consciência do que diz?

FONSECA
Não se altere. Fale baixo. Aqui há um crime e ali (*à direita*) há muita gente indiscreta. Peço-lho por estes cabelos grisalhos. Sou um pai infeliz, mas não quero que me pranteie o mundo. Minhas desventuras quero comigo chorá-las só.

BARÃO
Explique-se.

FONSECA
Quer explicação mais viva? Aquela página (*aponta Adelaide*) encerra todas as eloqüências de uma dor!

BARÃO
Está louco?!

FONSECA
(*com força*)
Ou casa com minha filha ou desfecho-lhe um revólver. Escolha.

BARÃO
Casamento e revólver! São idéias heterogêneas. (*ri-se*)

FONSECA
Ri-se, pérfido?!

BARÃO
Acha que devo chorar?

FONSECA
O senhor deve morrer! E te matarei, miserável! (*parte para ele e agarra-o colérico*)

BARÃO
Imbecil!... (*empurra-o com força que o faz cair aturdido, e sai correndo. Fonseca levanta-se e procura segui-lo, mas Adelaide se interpõe*)

ADELAIDE
Meu pai!

Cena XXI

ADELAIDE, FONSECA

FONSECA
(*como doido*)
Desgraçada! Tu te sacrificaste!

ADELAIDE
Meu pai, sou uma abjeta mulher. Desgracei-me, porém, pela cega dedicação que era de meu dever prestar-lhe e de que abusou. Amei um homem. Era a flor de meus sonhos, a límpida urna de minha felicidade. Flor, sonho, felici-

dade, tudo se dissipou como luz que se apaga. Fiquei isolada. Um deserto de trevas envolvia-me. Entreguei-me ao primeiro monstro que apareceu-me e que satisfez sua ambição, meu pai!

FONSECA
Que queres dizer?

ADELAIDE
Quero dizer que caí no abismo porque para ele me arrojaram. Ninguém me condene. Não foi minha a culpa. Cedi a um impulso estranho.

FONSECA
Entendo. Minha ambição cegou-te.

ADELAIDE
Creia-o, foi sua desmedida cobiça que perdeu-me. (*fora de si*) Meu algoz?! É o senhor!

FONSECA
Cala-te, cruel! Vê que morro!

ADELAIDE
Com que interesse abafou os eflúvios de meu seio? O ouro, a posição, senhor, valem coisa alguma sem o amor? Isto que vê é um corpo morto. Aqui dentro há pó. Quererão amaldiçoar estes restos frios, estas cinzas de uma mocidade queimada pela sua mão?!

FONSECA
Estás vendo aquela eminência íngreme do pico?

ADELAIDE
Acabe.

FONSECA
As pedras roladas de cima chegam embaixo esbandalhadas. Subiremos ao cabeço e de lá como pedras nos atiraremos.

ADELAIDE
É a única salvação de nossa honra!

FONSECA
Se ocasionei tua perdição, desaparecerei também, para punição minha, no turbilhão da poeira da queda, cadáver como tu.

ADELAIDE
Aceito.

FONSECA
Corramos. (*condu-la. Pára no meio da cena*) Adelaide, deixa-me morrer só. Ah! Amo-te tanto. (*caem. Coutinho e Artur correm da esquerda*)

Cena XXII

Os mesmos, COUTINHO, ARTUR

COUTINHO
(*gritando*)
Acudam! Acudam! No jardim.

Cena XXIII

Os mesmos, OLÍMPIA, CONSELHEIRO, BARÃO DE SERINHAÉM, TAVARES, AZEVEDO, *convidados*

BARÃO
Eu vi que ele sofria.

CONSELHEIRO
(*a Coutinho*)
Já vínhamos em seu socorro. Aquela perturbação de cabeça, que teve no gabinete, não podia deixar de trazer este resultado.

AZEVEDO
Um médico!

FONSECA
(*desvairado*)
O barão de Sant'Anna?

COUTINHO

Que tem, meu amigo?

FONSECA

Quero dizer-lhe que conduza esta mulher para sua casa. (*Adelaide oculta o rosto com as mãos*)

BARÃO

Senhor Fonseca, está fora de si?

COUTINHO

Ah! Agora compreendo tudo!

FONSECA

Ignoram que deixei de ser pai dela desde que sacrifiquei-a à minha vaidade? Chamem-me o barão. (*ouve-se rodar um carro e vê-se passar ao fundo o barão de Sant'Anna montado em seu tílburi*)

TAVARES

(*indicando-o*)

Ei-lo que se põe a panos em seu tílburi.

ADELAIDE

(*grito profundo*)

Ah! (*cai de joelhos com a cabeça pendida sobre o banco*)

FONSECA
Então, meus senhores? Está interrompida a festa? Não há de quê. Aos salões, às músicas, às danças. (*cai. O Conselheiro e o barão de Serinhaém conduzem-no nos braços pela direita. Olímpia vai levantar Adelaide*)

AZEVEDO
(*a Tavares*)
Não te havia dito há pouco? Compreendes agora a harmonia do cipreste com o jardim? Há ou não filosofia nisso? E uma filosofia bem amarga! (*dão a andar*)

ARTUR
(*a Coutinho, enquanto Olímpia vai conduzindo Adelaide lentamente*)
Sinto-me desanimar.

COUTINHO
Somente porque testemunha a punição de um crime? Fora pusilanimidade. Deixe ensopar-lhe a pálpebra aquela lágrima de sangue. É a lágrima da desonra. (*dão a andar*)

(*Fim do segundo quadro.*)

ATO SEGUNDO

Terceiro quadro

(*A caixa do teatro de S. Pedro, na Corte, em natural desarranjo. É dia.*)

Cena I

GEORGINA, 1º e 2º ATORES
(*todos sentados em tamboretes ao derredor de uma mesa*)

1º ATOR
(*fumando*)
Conta-nos tua história, Georgina. Sabemos que tens um passado rico de episódios melodramáticos.

Georgina
Nunca me achei tão indisposta: amanheci hoje fria como um cadáver. Parece-me que tenho mortas as paixões na alma.

2º Ator
Ora, vamos. Queres cerveja, queres conhaque? A cerveja é o néctar do ator. Escolhe. E há de ser logo enquanto não chega o Luiz.

1º Ator
Tenho de ambos estes famosos elixires em meu camarim.

Georgina
Importunos! Imprudentes! Não vêem que me estão tentando? Venha o conhaque. (*o primeiro ator sai e volta logo trazendo garrafas e copos*)

1º Ator
(*enchendo um cálice*)
À tua saúde, Georgina!

2º Ator
Ao teu passado. (*bebem*)

Georgina
Meu passado! É insondável como o oceano.

1º ATOR
Depressa com isso. Queres mais?

GEORGINA
Logo.

2º ATOR
(*depois de pausa*)
Eis. Principia.

GEORGINA
Uma vez estávamos em Nápoles; era eu e esse fidalgo que me tirou da casa de meu pai, em Sevilha. Ele me amava com toda a veemência do sangue castelhano que lhe pulava nas veias; quanto a mim, não obstante ter visto a luz pela primeira vez sob esse lindo céu da Andaluzia, apenas o acompanhava porque ele era rico e pródigo.

1º ATOR
Muito bem. És o tipo ou a última edição da mulher da época, vinda da Europa.

2º ATOR
E não deixaste na solidão de tua aldeia algum amante cândido, imberbe, a finar-se de amor por ti?

Georgina

Ha! ha! ha! De amor! Sim, deixei um, louro e formoso como uma das virgens de Murilo; morreu de imbecilidade poucos dias depois de minha partida. Não notem que eu ria-me sempre que se me fala em amor. São uns parvos esses mancebos românticos, que fazem idílios e se apaixonam por mulheres.

1º Ator

Guarda para outra ocasião a moralidade. Por agora já e já a narração.

Georgina

(Apresentando-lhe o cálice. O 1º Ator enche-o e ela bebe)

Um dia Perez entrou em casa, rubro de cólera; Perez era o meu amante. "Quanto te deu esse homem com quem passeaste ontem?" – perguntou-me. Não respondi. Sobre um divã estava um florete com que ele costumava esgrimir com alguns amigos. Munida dessa arma, parti para ele. Perez riu-se; era um riso hipócrita de fazer horror. "Ah! Fingis-te ofendida!" – me disse ele. "E não me respondes! Mas eu sei que te vendeste! Esse homem era meu amigo. Contou-me tudo, e depois... matei-o." Assim concluiu, e rápido sua mão estalou-me no rosto. Caí, para levantar-me logo. Perez tinha-me cuspido na face. Quando procurei feri-lo com a lâmina, ele disse-me:

"Não é muito que vendas uma das faces à infâmia, quando vendes o corpo inteiro." Atirou-me uma bolsa cheia de ouro e desapareceu.

1º Ator
Soberba aventura! E que fizeste?

2º Ator
Correste atrás e cravaste-lhe o florete pelas costas, não foi assim? Covarde que foste!

Georgina
Não. Apanhei a bolsa e retirei o dinheiro. Eram mil florins.

2º Ator
Bonito.

Georgina
Há por aí muita cena de romance semelhante a esta, mas juro-lhes, por minha alma, que tudo isto é verdade e sucedeu comigo tal qual acabo de referir.

2º Ator
Continua.

Georgina
Dois dias depois Perez morria como um espanhol. Avaliem se são capazes.

2º ATOR
Diz logo.

GEORGINA
Atirara-se dentro de uma das... crateras do Vesúvio. (*rindo*) Ha! ha! ha! Que morte de mau gosto!

2º ATOR
Morreu com honras de costeleta.

1º ATOR
Que horror! E depois?

GEORGINA
Depois... Figurei-me Corina – passeei nos campos de Nápoles em companhia do meu novo amante, aquele por amor de quem havia sido infiel a Perez.

1º ATOR
E ele te beijava talvez nessa face...

GEORGINA
Decerto. Pois se eu era jovem e bela!... Oh! Faz frio como nos Pireneus. Mais conhaque. (*quando está bebendo, entra Tavares*)

Cena II

Os mesmos, TAVARES

TAVARES

(*aos atores. Cumprimentando-os*)

Meus senhores. (*a meia voz. A Georgina*) A senhora não se corrige! Está nos seus gerais. Acha isso muito edificante?

GEORGINA

Sou assim, meu campeão. Olhe: em o senhor não me querendo, aí está o Motinha, que anda com a asa caída por mim. Há pouco foi o senhor sair de casa e foi ele a entrar sem mais aquela. Creia que não me faz favor...

TAVARES

Bem a conheço, cínica!

GEORGINA

Tanto melhor.

1º ATOR

(*a Tavares*)

Quem é o senhor? O que quer?

TAVARES

Sou caixeiro do barão de Sant'Anna e venho receber o imposto do aluguel das tapeçarias que para cá vieram.

2º ATOR

Tenha a bondade de vir outra vez. O empresário não está.

Cena III

Os mesmos, 3º. ATOR

3º. ATOR
Vim a correr para o ensaio. Mas o Luiz não chegou!

2º. ATOR
Ainda não.

3º. ATOR
Bem o supunha. E não virá decerto.

GEORGINA
Por que então?

3º. ATOR
Pois não souberam?

1º. ATOR
Nada, não.

2º. ATOR
Não sabem que ele amava a filha de um indivíduo que mora lá para as bandas da Tijuca?

GEORGINA
Ouvi falar nisso.

Tavares
(*a meia voz a Georgina*)
Ouviste, serpe? Antes de seres como és, foste como ela era.

3º Ator
Pois sim. É o caso. Houve ontem uma cena de escândalo com essa moça. O pai está a perder o juízo; ela em casa do barão de Sant'Anna.

Georgina
Deveras? (*rindo*) E dizem que sou cínica, sem verem que essas moças solteiras, em casa de seus pais, têm tanta hipocrisia!

(*O 1º, 2º e 3º atores conversam entre si, enquanto Tavares se aproxima de Georgina.*)

Tavares
(*a meia voz*)
Temos hoje contas que ajustar. Em pouco estarei em sua casa.

Georgina
(*idem*)
Quer saber de uma coisa? Desejo que não pense em tal. Começo a enfastiar-me do senhor! Olhe: sou uma mulher extravagante. Tenho mil fantasias. (*vendo o relógio*) Onze horas! (*para o grupo dos atores*) E nada do Luiz.

TAVARES
(*como acima, fitando-a*)
É uma monstruosidade moral esta mulher!

1º ATOR
(*para os outros*)
Se o Luiz soube de tudo isso, não vem.
(*ouve-se cantarolar dentro*)

GEORGINA
Aí vem ele a cantarolar pela escada. Os homens se parecem uns com os outros, do mesmo modo que as mulheres umas com as outras. A questão é apenas de pouco mais ou menos.

Cena IV

Os mesmos, LUIZ

LUIZ
(*entrando*)
Já e já que é tarde. (*entram diversos atores para o ensaio. Vendo as garrafas e os copos*) O que é isto? (*ao 2º ator*) Jogue fora estas garrafas. Quer que o senhor (*designa Tavares*) vá dizer lá fora que, entrando uma vez na caixa de um teatro do Rio de Janeiro, supôs entrar em uma taverna? Quer que ele diga que o cômico, além do mais, começa a cultivar a crápula?

Tavares
Eu seria incapaz disso.

Luiz
(*ao ator severamente*)
Afaste sem demora estes objetos. E fiquem todos sabendo que lhes proíbo absolutamente tê-los nos próprios camarins. Não viram *As Mulheres de Mármore*? Pois bem: isto aqui (*com expressão*) é a oficina de Fídias, porque é a oficina da arte: aqui não se bebe, trabalha-se.

2º Ator
Apostava que faltaria hoje.

Luiz
Por que motivo?

2º Ator
Por causa do que aconteceu em casa do Fonseca.

Luiz
O que foi? Que sucedeu?

Tavares
Tudo sei, que lá estive. A filha deixou o pai e acha-se com o barão de Sant'Anna.

Luiz
(*choque violento*)

Isto não se diz a mim, senhor! O que me conta é uma calúnia; eu o juraria.

Tavares

Pode crer.

Luiz
(*com força*)

Nem mais uma palavra!

Todos
(*a Luiz*)

O que tem?

Luiz
(*alucinado*)

Dêem-me um punhal, uma arma qualquer para matar este homem. (*designa Tavares, que recua espantado*) Quero vingar-me. Ele afronta-me.

Tavares
(*aos outros*)

Estão vendo? Quem me mandou meter-me em enredos de namorados?

2º Ator
(*a Luiz*)

Perdeu o juízo?

GEORGINA
(*a Tavares*)
Bem-feito, abelhudo!

LUIZ
(*transição. A Tavares*)
Perdoe-me! Há choques a que fora mil vezes preferível a morte. Bem vê que estou fora de mim. Mas eu não acredito no que o senhor contou.

TAVARES
(*a Luiz*)
Deus me livre de insistir nisso, meu caro. Foi um mero gracejo quanto lhe disse.

2º ATOR
Pois essa é a história que se conta pelos escritórios e hotéis.

LUIZ
Não. Não é possível.

GEORGINA
Que amor!

TAVARES
(*a Georgina a meia voz*)
Como nunca tiveste, nem haverás de ter, peste!

GEORGINA
Ora bolas! (*dá-lhe as costas*)

LUIZ
Digam a quem quiserem. Não se impõe a convicção. Meu coração é um templo; sua religião única o amor; seu ídolo essa mulher. Oh! Não é possível! Ainda ontem vi-a. Tinha a formosura dos anjos e era pura como eles. Quem diz isso, mente. É um infame!

3º ATOR
Faço votos para que não se engane.

TAVARES
Quanto a mim, o dito por não dito.

LUIZ
(*tirando um cartão*)
Este rosto não pode ser o de uma mulher infiel à religião de sua honra!

GEORGINA
Tudo se corrompe neste mundo, a própria virtude se virtude existe. Homens e mulheres em uma balança, e na outra a devassidão, pesa mais esta que todos eles.

TAVARES
(*a meia voz*)
Que mulher depravada!

GEORGINA
(*alto*)
Sou ainda menos do que o senhor.

TAVARES
(*como acima*)
Mais do que tu ninguém, espírito imundo!

Cena V

Os mesmos, COUTINHO, ARTUR

COUTINHO
(*a Artur*)
É esta a decoração, doutor.

ARTUR
É fina e de ótimo gosto.

COUTINHO
Enquanto se ensaia a peça, mando retocá-la.

ARTUR
Peço-lhe somente que faça subir meu drama à cena com todo o aparato que exijo.

COUTINHO
Confie. Não sou como certos empresários que por uma mal-entendida economia sacrifi-

cam muita vez peças importantes, por não as levarem com a *mise-en-scène* recomendada pelos autores.

Artur
E o que diz do meu trabalho?

Coutinho
Já lho não tenho dito? É lindo.

Luiz
Coutinho, o senhor o deve saber. Oh! Digamo. Isto é o maior dos suplícios.

Coutinho
O que tem?

Artur
Este homem está passando por uma crise gravíssima.

Coutinho
O que sofre, Luiz? Faz-me medo!

Luiz
O Fonseca tem uma filha…

Coutinho
Tinha-a, já não a tem.

LUIZ
Que quer dizer? Este anjo... (*indica o retrato*)

COUTINHO
Já não pertence à hierarquia dos anjos.

ARTUR
(*a Luiz*)
Deixe-me ver este retrato. (*vendo-o*) Adelaide! Oh! Detestável e pérfida criatura! Amava-a, senhor?

LUIZ
Não mo pergunte.

ARTUR
Ah! O senhor é tão desgraçado como eu!

COUTINHO
Entregou-se ao barão de Sant'Anna. Mísera!

LUIZ
(*pegando com as duas mãos no cartão e olhando-o fixamente*)
Ela! (*choque profundo*) Falta-me o ar e a luz. Estou cego. (*querem pegá-lo*) Soltem-me, soltem-me. Começa a voltar-me a razão. Torno a mim, torno a ela. (*indica o cartão*) Aqui não há uma mulher – há um borrão de sangue em brasa, que me queima as mãos. Meus lábios ardem do contato da imagem dela. Ensinem-me remé-

dio para restituir a mim puros, imaculados os meus ósculos de amor, que imprimi mais de uma vez sobre esta fronte tão ignóbil!

COUTINHO

Luiz, cumpre ser forte!

LUIZ

(*continuando*)

Ah! Sei o remédio. Sabem qual é? Rasgar este papel imundo, (*rasga-o*) lançar ao chão seus fragmentos, (*lança-os*) machucá-los assim com os pés (*machuca-os*) e depois... cuspi-los! Mas minha boca está seca da febre que me vem da alma! Oh! Há muito coração de prostituta a bater sob as filigranas de um vestido de donzela!

ARTUR

Peguem-no, que vai endoidecer!

LUIZ

Oh! Adelaide! Amaldiçôo teu nome. Deus não há de ter para ti misericórdia! (*cai entre os braços dos companheiros*)

TAVARES

(*pegando Georgina pelo braço e apontando para o grupo que os não vê*)

Olha para aquela triste obra de uma mulher como tu! Se te atrevesses a ser-me infiel como ela foi para ele, matar-te-ia!

GEORGINA
(*desvencilhando-se dele. Rindo*)
Ha, ha! ha! Néscio!

COUTINHO
(*severamente repreensivo*)
Mulher! Rir ao pé de um homem, que desfalece, é um crime!

ARTUR
(*pegando do pulso de Luiz*)
É mais infeliz do que eu!

COUTINHO
Por quê? Não há remédio?

ARTUR
(*solene*)
Porque está salvo!

(*Cai logo o pano.*)

(*Fim do terceiro quadro.*)

Quarto quadro

(*Salão no máximo esplendor, em casa do barão de Serinhaém. É noite.*)

Cena VI

Olímpia, Virgínia

(*Olímpia conclui o final de uma ária, que cantava, ao piano.*)

Virgínia
Magnífica!

Olímpia
Este jogo de transições é de uma beleza clássica. Haverá quem se não arrebate com a música?

Virgínia
As focas – diz Walter Scott – acompanham os barcos em que se toca. Que talento tem o senhor Artur para a música! É um portento.

Olímpia
Antes de conhecê-lo, não me parecia possível haver um homem tão hábil.

Virgínia
Como te relacionaste com ele?

Olímpia
Como sabes, deixei o colégio há dois anos. Ele escrevia então no *Mercantil*. Eu devorava

suas composições, tal interesse me inspiravam elas. Meu primeiro amor foi seu nome.

Virgínia
Só uma predestinação.

Olímpia
Conheci-o pessoalmente na noite de S. João em casa do Fonseca. Deu-se essa noite aquele estranho acontecimento com a Adelaide, que ele amava então loucamente, e tanto bastou para cortar-lhe o fio dos afetos por ela. Vi-o depois no teatro. Fitou-me.

Virgínia
Por fim no terceiro ou quarto intervalo falavam pelos olhares e sorrisos, não?

Olímpia
Como é deliciosa a lembrança dos primeiros episódios de amor! Sim; mas depois amargos dissabores me sobrevieram.

Virgínia
Dize tudo.

Olímpia
De um certo dia em diante, deixou de olhar-me nos espetáculos!

Virgínia
E depois?

Olímpia
Uma noite encontrando-se comigo por casualidade ao sairmos de um baile, disse, a meia voz, ao passar por mim, como se falasse de si para si: "Sou pobre, muito pobre." E perdeu-se na multidão.

Virgínia
Para não voltar mais?

Olímpia
Para voltar um mês depois; por isso que, havendo-o eu entendido, muito de propósito procurava-o com o meu binóculo no teatro. Amou-me louco, amamo-nos loucos, nobilitamo-nos na última afinação desse sentimento grandioso e patético.

Barão de Sant'Anna
(*dentro*)
Dá licença, senhor barão?

Olímpia
Aborreço esse homem. Fica. Eu me retiro.

Virgínia
Pois deixas-me só? (*Olímpia sai*)

Cena VII

VIRGÍNIA, BARÃO DE SANT'ANNA

BARÃO
Ah! É Vossa Excelência? Informa-me da saúde do Conselheiro?

VIRGÍNIA
Vai bem, senhor barão.

BARÃO
Quanto à Vossa Excelência é sempre um suave conjunto de encantos – espécie de rosa de todas as estações – lírio imarcescível para quem a natureza tem uma só e eterna primavera.

VIRGÍNIA
O bom gosto principia a banir dos salões a lisonja.

BARÃO
Faço ardentes votos para que não suceda o mesmo com os anjos.

VIRGÍNIA
Infelizmente para um anjo mais de um demônio, de sorte que um anjo já não é um anjo, é uma vítima.

BARÃO
O que é certo é que os demônios são os tentados, minha senhora.

VIRGÍNIA
Note, entretanto, que são os anjos que acabam afinal sofrendo o sacrifício.

BARÃO
Confesso minha derrota e imploro graça.

VIRGÍNIA
Talvez devesse pedi-la a outra que não eu.

Cena VIII

Os mesmos, BARÃO DE SERINHAÉM

BARÃO DE SANT'ANNA
(*ao barão de Serinhaém que entra*)
Salutem plurimum te valere. Cumprimento-o em latim, que é língua clássica.

BARÃO DE SERINHAÉM
Sinto não poder fazer-lhe o mesmo. Roma já não é Roma. Há muito que não leio Ovídio nem Juvenal. Desde que a pátria caiu sob o poder dos bárbaros, que envergonho-me de dizer-me romano e de falar o idioma dos conquistadores. (*a Virgínia*) Como passa a menina?

Virgínia
Bem, senhor barão.

Barão de Sant'Anna
(*ao barão de Serinhaém*)
Nestes últimos tempos tem a poucos concedido o privilégio de conversar.

Barão de Serinhaém
Incubo a idéia de um congresso nacional para tratar das reformas, composto de figuras de todos os partidos militantes do país.

Barão de Sant'Anna
Acho-a soberba, não obstante virem muito ao caso os *details*.

Barão de Serinhaém
Pois ainda está no período de gestação; e espero dá-la amadurecida ao público.

Barão de Sant'Anna
É certo que foi posta à disposição do barão uma das pastas do atual ministério?

Barão de Serinhaém
Foi.

Barão de Sant'Anna
Não quis aceitar?

Barão de Serinhaém
Não. Optei por uma cadeira na assembléia geral.

Barão de Sant'Anna
Entendo. Preferiu representar mais imediatamente os interesses da nação.

Barão de Serinhaém
Não, que a chamada *representação nacional*, neste país, não é tal representação: eu o sei, o senhor o sabe, o público, todo o mundo, desde o último até ao primeiro personagem do império. Pedi a cadeira para um meu amigo, um homem de talentos e virtudes, na frase da Constituição. Pedi-a como um emprego para o qual o governo despacha por quatro anos, se antes disso não vem por aí uma dissolução.

Barão de Sant'Anna
É da opinião que a escravidão deve ser abolida?

Barão de Serinhaém
Sem dúvida, não de chofre, mas gradualmente, acautelados todos os interesses da propriedade conhecida, e apenas sacrificados ao bem da idéia os da propriedade fortuita.

BARÃO DE SANT'ANNA
O que entende por propriedade conhecida e propriedade fortuita?

BARÃO DE SERINHAÉM
Propriedade conhecida, na espécie de que se trata, é o escravo que se possui; propriedade fortuita é o escravo que se possa vir a ter. Ora, libertar *ex abrupto* o escravo que possuímos é um mal imediato, porque ele nos está prestando proveito, com ele contamos, e muita vez só ele consiste nossa única fortuna; libertar o escravo que possamos vir a ter, se quiser considerar isso um dano, porque seria sempre um argumento de propriedade de que nos privam, e certo que é um dano tão remoto que não lhe sentimos a falta, porque nunca de tal argumento gozamos.

Cena IX

Os mesmos, CRIADO

CRIADO
O senhor doutor Artur e o senhor Coutinho. (*sai*)

BARÃO DE SANT'ANNA
Tem observado, barão? Ainda não vi um homem de pergaminho menosprezar-se tanto. Sempre com o Coutinho!

BARÃO DE SERINHAÉM
Peço-lhe licença para observar-lhe que o Artur conquistou minha estima. Quanto ao Coutinho, acho que é um homem de virtudes. Que importa que seja um ator? De atores nos fala a história que receberam grandes favores de grandes soberanos. Modernamente na culta Europa não se faz o contrário. Creia que o mais não passa de meros preconceitos. As posições eu as classifico de conformidade com o grau de probidade, que caracteriza o indivíduo. Acabemos com estes anacronismos. Muitas vezes a mão que reboca uma parede é mais digna do que a que referenda um decreto. Lincoln no Brasil nunca seria Lincoln; Johnson ainda menos. Abaixo os prejuízos. (*a Artur que entra*) Como já não tem pai, permita que o adote por meu filho.

Cena X

Os mesmos, ARTUR, COUTINHO

ARTUR
Vossa Excelência me confunde com tamanha distinção. Não é só uma distinção, é uma grande ventura.

BARÃO DE SERINHAÉM
(*a Coutinho*)
Os amigos de meu filho são também meus amigos, senhor Coutinho.

COUTINHO
Encontra a mais profunda gratidão de minha parte, senhor barão.

BARÃO DE SERINHAÉM
(*depois de pausa*)
Como vai com sua empresa do teatro de S. Pedro?

COUTINHO
Ainda me não escasseou o favor público.

ARTUR
O repertório e o pessoal da companhia têm geralmente agradado.

BARÃO DE SERINHAÉM
(*a Artur*)
Quando sobe à cena sua produção?

ARTUR
Já se acha submetida a ensaio.

BARÃO DE SERINHAÉM
(*ao barão de Sant'Anna*)
Tem ido aos espetáculos, barão?

BARÃO DE SANT'ANNA
Vivo enojado desse ruído há um certo tempo a esta parte.

ARTUR

(*ao barão de Serinhaém*)

Vossa Excelência informa-me da saúde da excelentíssima baronesa?

BARÃO DE SERINHAÉM

Vamos informar-nos pessoalmente. (*a Coutinho e ao barão de Sant'Anna*) É um instante enquanto volto.

(*Artur e o barão de Serinhaém saem.*)

Cena XI

COUTINHO, BARÃO DE SANT'ANNA

(*O barão vai tocar ao piano. Coutinho senta-se ao lado.*)

COUTINHO

(*alguns momentos depois*)

A existência humana, senhor barão, oferece variações e mistificações imperscrutáveis. É quando sua miséria tem esgotado os graus de sua escala, e o homem mede então com um olhar toda a extensão da possibilidade de sua baixeza.

BARÃO
Vai dar-me uma preleção de moralidade? Onde pretende ir, meu caro?

COUTINHO
Lembra-se daquela moça em casa de cujo pai passamos, há um ano, a noite de S. João na Tijuca?

BARÃO
Foi para dizer-me estas amabilidades que interrompeu-me?

COUTINHO
Via-a hoje à tarde. Tinha a mão na face macilenta e pálida. Os olhos estavam voltados para a imensidade; deles escapavam lágrimas como contas de colar espedaçado. Por aquele olhar, bem que infeliz, lânguido e belo ainda, pela expressão melancólica do rosto, pelo negror dos cabelos soltos com desespero e desamparo, foi que pude reconhecer a filha do mártir. Dificilmente reconheci-a!

BARÃO
Sua ótica está estragada, ao que parece.

COUTINHO
Por que não casa-se com a desgraçadinha moça?

Barão
Ora, senhor! Admiro sinceramente sua protérvia! Haveria muita moralidade em casar-me com uma meretriz?

Coutinho
Fala de moralidade?

Barão
Falo de meretriz. As entrevistas clandestinas dessa mulher com seu amigo? Pode ser-lhe isso desconhecido?

Coutinho
É falso. Impossível! O senhor Artur não comete uma pusilanimidade.

Barão
Quer dizer que minto! Se o senhor me merecesse as honras de um paralelo, puniria com eficácia sua ousadia.

Coutinho
Veja o que diz! Talvez que na hipótese do paralelo mais razão tivesse eu para recusá-lo com Vossa Excelência.

Barão
(*levantando-se*)
Atreve-se!

COUTINHO
(*idem*)
Aos homens, como o senhor, costumo chamar covardes! Digo-o aqui em segredo, entre nós; não se exacerbe; à exceção do senhor, ninguém mais testemunhou minha franqueza.

BARÃO
(*encara-o*)
Dir-se-ia que o senhor não vê o fogo, tão próximo aliás do senhor! Quer queimar-se?

COUTINHO
Quero ver se o apago. Acha que o devo temer por ser barão? Não, porque por detrás do barão esconde-se a alimária vil, que se pode esmagar com o pé!

(*O barão ergue a mão para dar-lhe no rosto. Coutinho encara-o firme e plácido.*)

BARÃO
O senhor é um cômico, e no rosto do cômico sempre há tintas, que vão mal à mão que não traz luva. (*dá-lhe as costas*)

COUTINHO
(*dando-lhe uma volta com força*)
Perdoe-me! Tem o dever de ouvir-me.

BARÃO

Insolente!

COUTINHO

As tintas do rosto lavam-se. Sabe o senhor o que se não lava? São as tintas da alma; são as nódoas indeléveis do vício e do crime; são as pústulas malignas dessa enfermidade moral, que o introdutor de moeda falsa conduz em seu espírito sórdido.

BARÃO

Desgraçado!

COUTINHO

Sabe o senhor o que se não lava? É o remorso. Ah! Porém o remorso é o protesto de uns restos de pudor indignado; e o senhor vendeu seu pudor inteiro ao primeiro contrabandista com quem transigiu. O senhor é um miserável!

BARÃO
(*raiva concentrada*)
Fatalidade! Esqueci meu revólver!

COUTINHO

Sabe o que se não lava? É...

(*Ao ouvirem a voz do Conselheiro dentro, separam-se e tomam direções opostas.*)

Cena XII

Os mesmos, Barão de Serinhaém, Conselheiro, Artur, Olímpia, Virgínia

Conselheiro
(*batendo no ombro de Artur*)
Escreva, menino. Cultive esta imaginação fecunda. O Brasil precisa de uma literatura, filha da terra; a que aí vemos é planta exótica. O lugar de honra para a mocidade!

Barão de Serinhaém
Mocidade na religião, mocidade nas letras, mocidade na política. O país já não tem que esperar dos velhos, gastos como estão. Grandes idéias, grandes revoluções, tudo isso vem de crânios juvenis. (*ao barão de Sant'Anna*) Peço-lhe seu voto para um candidato à deputação geral, pelo município neutro.

Barão de Sant'Anna
O barão dispõe de todos os meus votos.

Barão de Serinhaém
Basta-me um, que muito me penhorará. É para o senhor doutor Artur da Silveira, candidato do ministro da Fazenda, o excelentíssimo senhor Conselheiro, que nos ouve.

CONSELHEIRO
Perdoe-me. Candidato da nação.

BARÃO DE SANT'ANNA
É como disse.

BARÃO DE SERINHAÉM
(*dando o braço ao conselheiro – passeando – a meia voz*)
Sabe que o Artur só aceitou a mão da Olímpia com a condição de no dia de seu casamento manumitir todos os escravos, que ela lhe levar no dote?

CONSELHEIRO
Muito bem! E o barão aceitou a condição?

BARÃO DE SERINHAÉM
Que havia de eu fazer?

CONSELHEIRO
Aplaudo esta nobreza de ambos.

BARÃO DE SERINHAÉM
Setenta e três escravos!

CONSELHEIRO
Não se pese. Precisamos de homens como o Artur na sociedade brasileira. Venha esse sangue novo para injetar-se nas veias dilatadas da pátria. Cada vez mais o estimo!

BARÃO DE SERINHAÉM
E mais digno o acho eu de minha filha.

COUTINHO
(*a Artur*)
Felicito-o, meu amigo.

ARTUR
Devo esta glória ao barão de Serinhaém.

OLÍMPIA
Diga antes – ao seu talento.

COUTINHO
E ao seu caráter.

ARTUR
(*a Olímpia, com expressão*)
Devo tudo isto ao seu amor, meu anjo.

(*Coutinho vai dar a mão ao Conselheiro e ao barão de Serinhaém.*)

BARÃO DE SERINHAÉM
Já?

ARTUR
Tão cedo quer deixar-nos?

COUTINHO
(*ao barão de Serinhaém*)
É um dever que tenho a cumprir. (*a Artur*) Vou ver se arrebato às garras do demônio (*encara o barão de Sant'Anna*) um anjo sacrificado, para restituí-lo aos braços de Deus.

ARTUR
A mão do Senhor descreva sua órbita, astro radioso do bem.

(*Coutinho sai. Serve-se o chá.*)

(*Fim do quarto quadro.*)

Quinto quadro

(*Sala medíocre. Ao fundo a porta de uma alcova que, estando aberta, deixa ver um leito. Portas laterais. É noite. Um oratório na cena ao fundo.*)

Cena XIII

GEORGINA, ADELAIDE

GEORGINA
Como vai com seu Adônis?

ADELAIDE
Sempre mal. Cada vez pior! Trouxe?

GEORGINA
Aqui tem. (*dá-lhe um frasquinho*)

ADELAIDE
Meu Deus! Aqui está minha salvação, minha redenção, D. Georgina!

GEORGINA
Santa Maria da Glória! Nunca me havia de eu matar pela ingratidão de um homem.

ADELAIDE
Se não tenho esperança mais! Sabe a senhora o que é sacrificar-se um amor, de que se vive, de que se goza, um amor imenso, sacrificá-lo ao culto de um dever, e depois tudo acabado para nunca mais tornar a existir? Sorrio para a morte que me estende os braços como uma amiga verdadeira, cuja dedicação conduz-me à felicidade.

GEORGINA
Deixe o barão, e não faltará quem a queira. A senhora não é feia, e os negociantes da rua do Ouvidor bebem os ares pelas mulheres assim.

ADELAIDE

Aconselha-me que prossiga na minha degradação de queda em queda, até ir ter ao catre de um hospital! Não aceito. Quero reabilitar-me pelo sacrifício, como as vítimas cruentas da Antigüidade.

GEORGINA

Faça o que lhe parecer. O que lhe peço é que não me descubra.

ADELAIDE

Juro-lho pelo meu repouso eterno.

GEORGINA

E pensa que o barão se comiserará da senhora? Quanto se engana!

ADELAIDE

O barão! Não me fale nesse pérfido, minha senhora. Que me importa que o assassino atire, como blasfêmia, um riso cínico sobre minhas pobres lágrimas? Que me vale seu nome? Algum dia interessou-me ele? Foi o instrumento cego de meu destino, e ninguém vai condenar o instrumento de um crime senão o braço que com ele aplicou o golpe.

GEORGINA

Há poucos dias me declarou ele que, em descartando-se da senhora, meter-me-ia em casa.

ADELAIDE
Tanto melhor! Folgo de que nas asas do meu suplício voe para a senhora a felicidade.

GEORGINA
Como?! Pois não tem ciúmes?!

ADELAIDE
E amei-o eu alguma vez, um momento, um instante só, durante meu pálido existir? Seios de mulher, que ama, podem ter mais de um amor, mas há de nascer um depois de ter morrido o que o precedera; é como aquela ave fabulosa que surgia das cinzas de uma existência finda. E meu primeiro amor tenho-o ainda palpitante como artéria, a bater-me no coração com incômoda pertinácia.

GEORGINA
Seu primeiro amor! Lembra-se ainda do senhor Luiz?

ADELAIDE
Não me fale também nele. Amo-o, porém seu nome me aterra como sombra sinistra de um remorso. Amo-o, mas que ele ignore que eu existo. Amo-o, mas quero que ele pense que o esqueci para que me odeie. Meu amor era um insulto à opinião pública, uma ofensa ao insensato pundonor social. Era preciso matá-lo.

GEORGINA
E supõe que o senhor Luiz possa esquecê-la?

ADELAIDE
Oh! Nada me revele, peço-lho. Digam a esse homem que morri, ou que então sou uma mulher vil, como a própria depravação. Digam-lhe que morri de... ignomínia! (*chora*)

GEORGINA
Está então disposta a levar a todo o transe a efeito o projeto?

ADELAIDE
Aguardo apenas sua saída.

GEORGINA
(*levantando-se*)
Não seja esta a dúvida. Adeus... até...

ADELAIDE
Até... para sempre! (*Georgina sai. Adelaide vai à alcova e traz um copo com água*)

AZEVEDO
(*dentro*)
Dá licença! (*Adelaide oculta o frasco*)

Cena XIV

Adelaide, Azevedo

Azevedo
(*entrando*)
O barão, minha senhora?

Adelaide
Há dias não sei desse homem.

Azevedo
Tenho negócio urgente para tratar com ele.

Adelaide
E meu pai? Tem-no visto?

Azevedo
Disse-me há pouco, entre lágrimas e soluços, que ia deixar o Rio.

Adelaide
Então ele sofre muito?

Azevedo
Com demasia, digo-lho eu. Domingo, à noite, tomei minha flauta e saí a tocar. A porta da chácara do senhor Fonseca estava aberta. A sala na escuridão. O pomar deserto. Somente no jardim, debaixo do cipreste, uma sombra se agita-

va, muda e taciturna, sob a ramagem. Era ele. Pobre velho!

ADELAIDE

É horrível o agonizar silencioso do espírito! E será possível que esse homem não ache uma consolação?

AZEVEDO

Nos vastos páramos do oceano tudo é salgado, minha senhora. A gota de orvalho, que cai do céu sobre sua superfície, fácil se confunde na amargura das ondas. Não há orvalho para o oceano; não há conforto no coração do pai que se acha nas conjunturas do senhor Fonseca.

ADELAIDE
(*em pranto*)
Oh! Cale-se! Olhe bem para mim. Veja que não posso resistir a esta dor!

AZEVEDO

Eu também sofro. Oh! Mas Vossa Excelência nunca o saberá. É meu segredo.

ADELAIDE

Que quer? Este mundo tem esta organização. Sua suprema lei é a fatalidade. Acredito na fatalidade, senhor! Pois como se explica a rápida inversão das coisas? O destino é tudo. Hoje a vida, amanhã a morte. A serpente mordendo debaixo das flores. O veneno dentro de um vaso de cristal. Em uma bainha de ouro uma lâmina que mata. Entre as fragrâncias de um riso uma lágrima que dói. A vida é isto, não?

AZEVEDO
Há em suas palavras um cheiro de inspiração que me comove. Adeus. Não posso continuar.

ADELAIDE
Se ainda vir meu pai, diga-lhe, por mim, um derradeiro adeus!

AZEVEDO
Decerto. O destino é tudo. Vossa Excelência tem razão. (*sai. Adelaide dirige-se à alcova e ajoelha-se, com as mãos postas, ao pé de um quadro da Virgem. Momentos de profundo silêncio. O barão de Sant'Anna entra*)

Cena XV

ADELAIDE, BARÃO DE SANT'ANNA

(*Um relógio dá onze horas. Adelaide levanta-se e aproxima-se da mesa.*)

BARÃO
Temos que falar, minha senhora.

ADELAIDE
(*sobressaltada*)
Estava aqui?

BARÃO
Peço-lhe que sente-se. (*Adelaide senta-se. Pausa*) Tenho refletido que não pode continuar esta convivência indecente.

ADELAIDE
Bem sabe quanto tem me custado acompanhá-lo nisso. Semelhante sacrifício tanto mais aflige-me quanto, se subi a ele, não o fiz por uma paixão nobre, senão pela ambição vaidosa, que equivale a uma torpeza.

BARÃO
Quer dizer...

ADELAIDE
Que, a não ter de dar-me a mão para levantar-me, abandone-me desde já para sempre.

BARÃO
Neste caso nada mais a prendia à minha pessoa do que a especulação de ter-me por seu marido?

ADELAIDE
E essa mesma não foi minha, saiba-o neste momento solene. Nunca o amei, nem o amo. Abomino-o.

BARÃO
Mas a senhora deu-me uma prova que autoriza-me a acreditar o contrário.

ADELAIDE
Cedi de caso pensado à ofensa para que o senhor me desse o direito à reparação dela; e essa reparação sabe em que devera consistir, quando a ofensa houvesse sido perpetrada por um homem de brio. Enganei-me. O senhor não o tinha, não o tem.

BARÃO
Que agiotagem!

ADELAIDE
Escute. Meu pai estava louco de cobiça. Meteu a mão em meu coração e percebeu que ele pulsava por um homem que não era um barão, sem todavia compreender que ele valia mais que o barão de Sant'Anna.

BARÃO
Adelaide!

ADELAIDE
Confessei-lhe que minha alma se voltava para esse homem por uma atração inexplicável. Respondeu-me que o coração de uma mulher assemelhava-se a essas plantas aquáticas, cujas

ramas dobram-se ao impulso das enchentes e das vazantes, tomando à noite a direção oposta à que seguiram pela manhã; que eu sufocasse essa puerilidade chamada amor e fitasse, como astro de direção, esta grande verdade social, a que dão o nome de conveniência. Precisa de mais alguns esclarecimentos para conhecer a história de minha perdição?

BARÃO
Sei tudo. Queriam fazer de mim um boneco elegante para adornarem a porta de sua casa! Queriam o barão por marido pela sua posição! Deus escreve certo por linhas tortas. Malogrou-se a trama. (*levanta-se*) Pois bem: não faltam janotas pela cidade. Deixe-me minha casa e meus móveis, tem ouvido?

ADELAIDE
(*em pranto*)
Não é então uma visão opressora? Deveras abandona-me antes de curar-me da infâmia?

BARÃO
O que fez daquelas jóias?

ADELAIDE
Tira-mas, quando há dias assinou seis contos de réis para ovações a uma cantora? Mas o senhor assinou essa quantia, não por devida

homenagem ao merecimento, mas por mera ostentação. Seu nome correu impresso nos jornais. Diz-se que o senhor é generoso. Está habilitado a alegar serviços e a disputar altos favores. E contudo o senhor é um miserável!

Barão
Restitua-me as minhas jóias. (*Adelaide vai à alcova e trá-las em um pequeno cofre*) Falta-me um anel com um brilhante de cento e cinqüenta francos no centro.

Adelaide
O senhor engana-se.

Barão
Quero-o. Procure-o.

Adelaide
Há de estar aí mesmo entre as outras.

Barão
(*pegando-lhe do braço e fazendo-a dar uma volta brusca*)
Onde? Onde? A senhora esconde meu ouro!

Adelaide
Meu Deus! Como posso sobreviver a tamanha humilhação?! (*chora e tosse*)

BARÃO
(*com altivez*)
Quero a jóia que falta.

ADELAIDE
Desgraçado! Não lembras-te que vendi-a para matar a fome?!

BARÃO
Ah! Bem mo dizia o coração.

ADELAIDE
(*com força e agonia*)
Sai, miserável! Deixa-me! Eu te detesto! Meu Deus! Quero morrer. Lembra-me um meio, Senhor Deus!

BARÃO
Há um: aquela varanda. (*Adelaide corre para atirar-se, encontra-se com Tavares, e cai, com o choque, sobre um sofá*)

Cena XVI

Os mesmos, TAVARES

TAVARES
(*olhando Adelaide*)
Ainda mais esta! (*ao barão*) Procuro Vossa Excelência desde a tarde.

BARÃO
(*sobressaltado*)
O que há?

TAVARES
Fala-se na quebra do Souza.

BARÃO
É impossível!

TAVARES
Creia que é um clamor violento na praça.

BARÃO
(*agitado*)
Lá se vai toda minha fortuna.

TAVARES
Um sem-número de casas-fortes sente-se ameaçado de falência inevitável!

BARÃO
Então é certo que tenho de ficar pobre?!

TAVARES
Não da graça de Deus, senhor, o que não é pouco.

BARÃO
(*fora de si*)
Oh! Sim! Mas a graça de Deus não é dinhei-

ro! Que transe! Esta vida comercial é um sonho. Vamos. Quero falar ao Souza. (*muita vivacidade*) O meu chapéu?

Tavares
(*fita-o e recua espantado*)
Que olhar!

Barão
(*passando por Adelaide, alucinado*)
Mulher! Mulher! (*erguendo-a arrebatadamente pelas mãos*) Levanta-te. (*com expressão*) Vês este vácuo? (*indica o espaço que medeia entre ele e Adelaide*) É o que há em minha fortuna! (*gritando*) Roubaram-me tudo! Estou pobre! Sê magnânima! Perdoa-me. (*para Tavares com arrebatamento*) Que me queres, satanás?!

Adelaide
(*solene*)
Meu Deus!

Tavares
(*com medo*)
Em que boa me vim meter eu! Santa Maria!

Barão
(*correndo para Tavares e enfiando com arrebatamento seu braço no de Tavares*)
Vamos! Nem mais um instante! (*arrasta-o pelo braço*)

TAVARES
Tem força como um urco! (*desaparecem*)

ADELAIDE
(*só, indecisa*)
Que quererá dizer isso? Nada sei. Mal ouvi suas últimas palavras. Mas seus olhos tinham acerbo e medonho brilho! Por que me pede perdão? Que sopro de tormenta vergou aquela altivez implacável? Oh! Se eu soubesse que ele estava arrependido...

(*Fica um instante perplexa.*)

Cena XVII

ADELAIDE, GEORGINA

ADELAIDE
Georgina!

GEORGINA
(*sorrindo*)
Vim ver se a senhora já tinha consumado o sacrifício.

ADELAIDE
Bem vê. Não estou em mim. Não encontrou o barão?

Georgina
Ia gritando pelo meio da rua, como possesso: "Estou desgraçado!"

Adelaide
Eu é que o sou. Oh! Baixar à campa com uma coroa de espinhos na fronte, quando a devera levar cingida de uma capela de rosas brancas!

Georgina
Vejo que mudou de resolução. Antigamente os amantes infelizes consolavam-se pelo suicídio. Hoje estamos em época de progresso, que condena o suicídio de Safo e de Werther. A civilização e a medicina moderna aconselham novos amores. Suave, específico!

Adelaide
(*mostrando-lhe o copo*)
Vê? Ia derramar dentro a substância quando a senhora entrou.

Georgina
Dê cá o frasquinho. (*Coutinho e Luiz aparecem*) Deixe-me preparar a dose. (*Adelaide dá-lho*) Quero ajudá-la a deixar este pesado lenho da vida. É um benefício. (*derrama a substância dentro do copo*) Está pronto. (*Coutinho e Luiz se aproximam. Adelaide e Georgina estão com as costas voltadas para a cena*)

ADELAIDE
(*fora de si*)
Dê-mo. (*Georgina dá-lhe o copo*) Adeus, Georgina. Meu Deus! Meu pai! Luiz! (*vai a beber. Luiz corre para ela enquanto Coutinho toma-lhe o copo*)

Cena XVIII

As mesmas, COUTINHO, LUIZ

LUIZ

Adelaide!

ADELAIDE E GEORGINA

Ah!

COUTINHO
(*a Georgina. Gesto eloqüente*)
A senhora é de um cinismo atroz! Retire-se.

GEORGINA
Senhor! Veja que sou uma mulher!

COUTINHO
Mais do que isto, é o demônio do crime!

GEORGINA
O senhor insulta-me.

COUTINHO
(*com força*)
Já e já fora! Senão chamo em meu socorro a justiça pública!

GEORGINA
(*retirando-se*)
Pensa que não? Pois engana-se. O barão há de ser meu. (*sai*)

ADELAIDE
Luiz, não quis que eu me suicidasse! Mas veio matar-me com sua presença!

COUTINHO
(*que tem voltado de acompanhar Georgina*)
O crisol destinado a depurar uma alma não é um copo de veneno, minha senhora. É o amor. (*designa Luiz*)

ADELAIDE
Sufoquei no meu coração este sentimento desde que tal palavra começou a amargar-me nos lábios.

LUIZ
O que diz, Adelaide?

ADELAIDE
Que estou morta, que sou um espectro! Despreze-me. Mereço-lhe mais do que isso, mereço-lhe ódio implacável!

COUTINHO
Deixe esta casa já. Estas paredes parecem-me carneiros de cemitério, esta sala o vácuo de um túmulo.

ADELAIDE
Ia deixá-la para sempre.

LUIZ
Esquecê-la, odiá-la, eu, Adelaide!

COUTINHO
Prepare-se para sairmos sem demora, antes que chegue o barão.

ADELAIDE
O barão acaba de enxotar-me.

COUTINHO
Como! Se o deixei em casa do barão de Serinhaém?!

LUIZ
Enxotá-la! Não posso crê-lo.

COUTINHO
E a senhora não levanta as mãos para o céu?

LUIZ
Deve fazê-lo, porque tem aqui meu coração.

ADELAIDE
Seu coração!

LUIZ
E minha mão.

ADELAIDE
Impossível!

COUTINHO
(*a Luiz*)
Impossível?!

LUIZ
Por quê? Despreza-me? Repele-me!

ADELAIDE
Não. Amo-o.

COUTINHO
Como se explica isso?

LUIZ
Adelaide, não a entendo. (*Adelaide senta-se no sofá a chorar*)

COUTINHO
Mas isto é um mistério então...!

Luiz
(*aproximando-se*)
Adelaide?! (*pausa*) Adelaide?! (*levanta-lhe a cabeça*) O que sofre?

Adelaide
(*em pranto*)
Deixe-me chorar. Quero vazar esta lágrima pungente que me traz fel do coração. É a lágrima do desengano!

(*Luiz cai de joelhos a chorar também, com a cabeça inclinada sobre os joelhos de Adelaide. Coutinho cruza os braços e fita o grupo com sublime expressão de dor.*)

(*Fim do quinto quadro.*)

ATO TERCEIRO

Sexto quadro

(*A cena está dividida. À esquerda do espectador é a sala de uma casinha pobre. No segundo bastidor uma porta que dá para um quarto. Raros móveis. Do outro lado do tabique, à direita, são os fundos de um jardim. Vasos, repuxos, caramanchéis, gradil em direção do segundo bastidor. Além é uma estrada que corre de lado a lado do cenário. Fora vêem-se arvoredos e um lampião de gás, em uma esquina. É quase noite, mas vê-se no fundo o crepúsculo a desvanecer-se pouco a pouco, até escurecer de todo.*)

Cena I

Coutinho, Adelaide

(*Ao levantar o pano, Adelaide passa pela mão de Coutinho pela estrada, além do jardim e vem parar diante da casinha, que está fechada e cuja porta Coutinho abre.*)

Coutinho
Entre, minha senhora. Foi este o asilo que a pressa permitiu-me conseguir.

Adelaide
(*entrando*)
Não o quisera melhor. (*examinando-o com a vista*) É digno demais para receber-me.

Coutinho
(*indicando*)
Aquela porta comunica para um quarto, donde por outra vai-se ter à cozinha.

Adelaide
Estou satisfeita.

Coutinho
Sente-se para esta cadeira. O estirão foi longo e a senhora deve estar fatigada. Se assim o quis!...

ADELAIDE
(*sentando-se*)
Estou-o com efeito. (*tira o chapéu e o véu que traz*)

COUTINHO
Querendo descansar, ali, dentro da alcova, achará um leito.

ADELAIDE
(*pausa*)
Ai! Estou realmente fatigada. (*tosse, cospe no lenço*) Olhe. É sangue, sangue vivo que acabo de deitar do peito.

COUTINHO
Não há de ser do peito, não.

ADELAIDE
Se é! Vem daqui. (*mão no peito*) Toda esta região é brasa viva. Pouco poderei durar. Esse mesmo pouco, acredite, há de ser para mim um suplício.

COUTINHO
Deixe-se de apreensões vãs. É moça e bela. Pode ser ainda muito feliz.

ADELAIDE
Para que me fala em felicidade, senhor? O sofrimento moral não é uma iguaria indigesta,

que se possa lançar à custa de um esforço ou mediante um medicamento feliz. É uma pujante parasita que estende suas raízes até ao fundo da alma, donde ninguém as poderá desentranhar sem rasgar o coração. (*pausa*) Ser-lhe-á penoso mandar trazer uma imagem para aqui?

Coutinho
Já, se o quer.

Adelaide
Não se enfade com estas importunações.

Coutinho
E mandarei um médico também.

Adelaide
Antes um padre de boa vida.

Coutinho
Se precisar de alguém, encontrará à sua direita uma vizinha com quem falei para prestar-lhe serviços. É uma viúva pobre e honesta.

Adelaide
Tamanha bondade se lhe pagará no céu.

Coutinho
Agora há de dar licença...

ADELAIDE
Apresente-me antes a essa mulher.

COUTINHO
Não se incomode. Irei chamá-la.

ADELAIDE
Quero ir também. Vamos. (*entram pela porta da esquerda, antes do que aparecem Artur e Olímpia, à direita no jardim*)

Cena II

ARTUR, OLÍMPIA

ARTUR
(*fumando*)
Antes da posição social a felicidade do coração. O crepúsculo afasta-se de cima do cabeço das penedias. Que beleza suave na tarde! Veja como vão aquelas nuvens brancas, abertas em flor. Parecem debuxar uma corda de noivado, talvez o noivado dos serafins com os silfos.

OLÍMPIA
Suas palavras arrebatam-me. Que doces que são as efusões íntimas do primeiro amor! São as auroras da primavera deliciosíssima da vida, não?

ARTUR

Sim. (*sentam-se*) Valem uma mansão de gozos perenes, de amplexos, de sonhos, de devaneios.

OLÍMPIA

Oh! Como é bom o amor! Artur, Artur! Eu te amo louca!

ARTUR

E eu?! Sou feliz, Olímpia! Bebo torrentes de um fluido delicioso nesta atmosfera de ambientes suavíssimos, que banha-a e a envolve desde as pontas dos cabelos até as fímbrias do vestido branco!

OLÍMPIA

Se não nos houvéssemos de ligar como cipós flexíveis, nascidos no mesmo solo, cujos galhos se apertam e ajeitam os de um pelos do outro, creia-o, a vida ser-me-ia uma vaga e escura cisma.

ARTUR

E por que lhe mereço tanto? Sou pobre e pertenço a uma família sem nome.

OLÍMPIA

É um insulto que se faz. Tem a riqueza da simpatia e o nome do talento. Meu Deus! O que é o amor?

Artur
O amor... é o bálsamo fragrante do Líbano. É o homem contemplando a mulher, é a mulher contemplando o homem: é a simpatia sublime de duas juventudes entusiastas. (*cai-lhe o charuto da mão*) O amor... está neste beijo que lhe deponho na mão (*beija-a*), está em sua mão que o acolhe com suave generosidade. Vê como o crepúsculo beija as nuvens do ocaso, e os escassos reflexos do poente aquele remoto pico? É o amor – o amor impalpável e patético da criação.

Olímpia
Continue. Gosto de ouvi-lo.

Artur
Olímpia, és uma santa.

Olímpia
Ali vem meu pai.

Artur
Passeemos. (*passeiam*)

Cena III

Os mesmos, Barão de Serinhaém

Barão
O café espera-os no quiosque.

Artur
Estávamos contemplando aquele magnífico panorama – a tarde que recebeu do sol seu ósculo de ouro de despedida para enrolar-se nos lençóis da noite e adormecer no silêncio.

Olímpia
A hora do pôr-do-sol tem uma beleza suprema.

Barão
Já não me interessam essas imagens atrativas, essas belezas virgens e transparentes da luz que se afrouxa para morrer. As brumas da velhice crestaram-me as boninas da imaginação. A mocidade, sim; está em sua natureza arroubar-se com a magnificência desses espetáculos esplêndidos e eu já sinto a cabeça envolta em uma touca de cabelos grisalhos.

Artur
Os prodígios da munificência divina falam com interesse a toda a criação. A criação em si é um arroubo de si mesma; vive enamorada da beleza própria, a exemplo dessas mulheres encantadoras, cuja organização exterior transpira luz e graças – espécie do reverbero doce da satisfação e admiração íntimas.

BARÃO
Diz uma verdade. Admirar a criação é levantar uma apologia ao Criador. O universo, extasiando-se com as maravilhas de sua estrutura, ergue hosanas a Deus, ou melhor, a si próprio. (*um homem do povo acende o lampião de gás*)

Cena IV

Os mesmos, CONSELHEIRO

CONSELHEIRO
(*entrando*)
Sim, sim; mas também em parte nenhuma do mundo encontrarão uma natureza petulante e soberba como esta. Fui a Veneza, essa ninfa do Adriático, a Roma – a senhora do Mediterrâneo outrora, hoje das execuções pontificais –, a Bizâncio, a sultana do Bósforo, a S. Petersburgo, a Madri, a Paris, à Caledônia. Respirei esse ar puríssimo da Suíça dos lagos e dos vales. Oh!... mas em nenhum desses centros achei este luxo de seiva, esta opulência de perfumes, este aparato de rios, de selvas, de paisagens esplêndidas. Nossa pátria é um éden; Rocha Pita tem razão.

BARÃO
Para não sê-lo inteiramente falta-lhe uma política patriótica, sincera e moralizada, porque

a falar a verdade, isto que aí vemos é o simulacro correto do erro, sob formas pomposas; e cada dia mais se aperfeiçoando.

Conselheiro
Decerto. O estrangeiro que se demora um pouco e estuda com certo senso as coisas de nossa terra, não pode deixar de pasmar ao ver aqui a escravidão, ali a praga do funcionalismo, de um lado a ignorância sistemática do povo, do outro o mais abjeto servilismo ao poder que abusa; em uns o indiferentismo pela cura pública, em outros a ambição infrene – a opinião nacional falseada, a liberdade do voto mentida, a independência dos juízes coacta, a divisão e a independência dos poderes fictas; e tudo isto no meio de uma natureza grandiosa como esta. Fatal contraste! É o vício mascarado pelo belo; é uma virgem pulcra, escondendo sob as roupagens perfumadas e sob os brilhantes, um cancro podre e voraz, que lhe corrói os seios, onde deviam palpitar a virtude e o amor.

Artur
Só as reformas nos podem salvar.

Barão
Quaisquer que sejam não poderão regenerar, senão muito tarde, os costumes de longa data contraídos.

Conselheiro

Quanto antes a abolição da escravidão (abolição imediata), úlcera-mãe de todos os nossos males.

Barão

Opino pela abolição gradual. São conhecidas minhas convicções políticas; sou liberal. Mas temo a abolição imediata. Não se extrai um cancro de um só golpe de bisturi. A abolição imediata lançar-nos-ia nos horrores da guerra civil.

Conselheiro

Sempre fui liberal também, e moderado; e voto pela emancipação incontinente da família escrava. Desde que se conhece que há na escravidão um atentado contra todos os direitos divinos e humanos sofra quem sofrer, abaixo o atentado, abaixo o opróbrio! Nada justificará sua continuação.

Barão

Mas é que as leis do país até hoje garantiram a escravidão como um fato legal.

Conselheiro

Teríamos muito que dizer ainda, meu amigo, a tal respeito. Demos porém, por hipótese, como abolida a escravidão, diminuído o funcionalismo, garantida a liberdade do voto, extinta a guarda cidadã, que tanto tem desmerecido de seu primitivo mister, e tudo será melhorar. A fome de emprego público é uma das grandes causas de corrupção. Vêem essa multidão de moços que enchem os cafés e teatros, de *pince-nez* aos olhos e de calcinha justa? Vêem um sem-número de anciãos, sofrendo as maiores privações, envelhecidos prematuramente pelas apreensões e pelas dificuldades da vida? Os primeiros são aspirantes a empregos públicos; os segundos foram demitidos desses empregos pela ascensão da nova política. Não há um só dentre tantos dessa população flutuante que saiba manejar a charrua como Cincinato. Alguns são conservados, porque, para não serem privados dos empregos, apedrejam o poder que desce e festejam o poder que presumem subir. Miséria! Imoralidade! Só se pensa em viver da renda pública! Daí a corrupção política, a versatilidade, o servilismo e – o que mais sei? – a relaxação dos costumes públicos e a depravação dos costumes privados!

ARTUR
(*com entusiasmo*)
Vossa Excelência fala como mestre, tal é a verdade e tal a eloqüência de suas palavras.

CONSELHEIRO
Preste atenção, criança. Cumpre quanto antes diminuir os empregos, para obrigar esses

milhares de braços a cultivar a terra, a indústria, o comércio, fazendo fortuna de seu trabalho sobre a matéria-prima, e se tornando independente das oscilações da política, que de um dia para outro lançam tantas famílias na indigência pelas reações clássicas dos nossos partidos. Cumpre incutir no ânimo do povo, no espírito de todos esta verdade – que viver de emprego público é ter um presente escasso e um futuro efêmero e miserável. Pensam que se eu tivesse filhos lhes aconselharia a vida pública? Enganam-se. Havia de prepará-los para a agricultura, o comércio, as indústrias e as artes. Mas estou fatigado de falar.

BARÃO
Vamos. (*dão a andar*)

CONSELHEIRO
E todavia só em a mocidade confio que porá todas estas coisas a caminho, essa mesma mocidade, que, se olha para o cofre dos empregos é por inexperiência, e em quem é lícito ainda supor certa pureza moral e certo patriotismo de bom agouro. (*desaparecem*)

Cena V

COUTINHO, ADELAIDE

COUTINHO
Visto isso, minha senhora, vou já buscar-lhe um médico.

ADELAIDE
Frustradas tentativas! Daqui só há um passo a dar para diante, passo fatal, inevitável – o decorrer de alguns dias; e é para o túmulo.

COUTINHO
Adeus. Aconselho-lhe repouso e confiança no céu.

ADELAIDE
Não esquecerei suas prudentes recomendações.

(*Coutinho sai para a esquerda do espectador, enquanto que Azevedo entra pela direita.*)

Cena VI

ADELAIDE, AZEVEDO

AZEVEDO
Às suas ordens, minha senhora.

ADELAIDE
Eis aqui as chaves da casa. Peço-lhe que entregue-as sem demora ao barão.

AZEVEDO
Vou agora mesmo.

ADELAIDE
Cumpra-se a determinação do pérfido.

AZEVEDO
Console-se.

ADELAIDE
Faça-me outro obséquio. Do que houver ocorrido com o barão, venha dar-me parte. Desde ontem que não vejo o Tavares.

AZEVEDO
Com licença. Volto já. (*sai*)

(*Adelaide acende uma vela. Tosse, põe a mão no peito e deita uma golfada de sangue no lenço.*)

ADELAIDE
Sangue! Sempre sangue!

MARCELINA
(*dentro*)
Posso entrar?

ADELAIDE
Entre. (*Marcelina entra, conduzindo um bule em uma bandejinha*)

Cena VII

ADELAIDE, MARCELINA

MARCELINA
Aqui está o chá.

ADELAIDE
Quanta solicitude!

MARCELINA
Seu incômodo não espera. Esta chávena vai prestar-lhe um grande bem ao peito.

ADELAIDE
Pensa isso? Veja o que tem este lenço.

MARCELINA
Que é isto?

ADELAIDE
Sangue, que vem-me do coração.

MARCELINA
Que é que diz?

ADELAIDE
Quando se chega a tal estado, crê que estas folhas de infusão possam restituir uma vida exaurida no pranto e na dor?

MARCELINA

Não desanime! Pobre moça! Tome sempre esta chávena. Há de sentir grande alívio.

AZEVEDO
(*fora*)

Abra.

MARCELINA

Quem será?

ADELAIDE

Abra.

Cena VIII

As mesmas, AZEVEDO

AZEVEDO

Minha senhora...

ADELAIDE

Diga... diga...!

AZEVEDO
(*a Adelaide*)

Não se assuste. Saí a correr. O rumor, que derramou na praça do Rio a quebra do Souza, cada vez aumenta mais. Muitas casas-fortes fecharam-se. Grandes fortunas estão arruinadas. E sabe? O barão perdeu uma avultada soma. Isto impressionou-o tanto, que o levou ao leito, talvez da morte!

ADELAIDE
Que é que diz, senhor? (*deixa cair a chávena*)

MARCELINA
Que tem, moça? (*Adelaide reclina-se ao ombro de Marcelina*)

AZEVEDO
Não se impressione com isso. Assim mesmo é que devia acabar aquele selvagem. (*ruído à direita do jardim*)

Cena IX

Os mesmos, UM HOMEM DO POVO

(*Um homem do povo, correndo, galga o gradil do jardim, trepa-se a um caramanchel, sobe à coberta da casinha da esquerda e desaparece. Multidão de indivíduos galga-o também.*)

POVO
(*gritando*)
Pega o assassino!

Cena X

Os mesmos, Artur, *e logo depois* Soldados

Artur
(*aos indivíduos*)
O que é isto?

Um homem do povo
Era um celerado, que evadiu-se da prisão e matou, de passagem, dois vendilhões no Catete.

Soldados
(*azafamados*)
Pega o assassino! (*o povo e os soldados correm pela esquerda*)

Marcelina
Que desordem, meu Deus!

Artur
(*no jardim*)
O criminoso talvez esteja neste casebre! (*galga o gradil e entra*)

Artur
(*entrando na sala*)
O assassino?!

ADELAIDE
(*em delírio nos braços de Marcelina*)
Estou morta. Diante dos meus olhos só vejo espectros pavorosos. Ouço gemidos e soluços lúgubres. A maldição de meu pai, a maldição de Luiz! E o barão cospe nas minhas faces! E o monstro da infâmia empolga-me com suas garras aduncas e arroja-me no abismo do vício! Oh! Fugi, homens depravados! Eu não sou uma messalina! Enganais-vos! Fugi!

ARTUR
Esta mulher!

ADELAIDE
Quem é este homem?

AZEVEDO
Um médico. Vem salvá-la.

ADELAIDE
Salvar-me! Foge, foge! Tu queres cuspir sobre minhas faces! (*transição*) Mas eu o conheço, senhor. Perdoe-me! Tenho sofrido tanto que fora um dever seu ter compaixão de mim.

ARTUR
Adelaide! Aqui! Em tão deplorável situação! (*chora e sai sucumbido*)

Cena XI

ADELAIDE, AZEVEDO, MARCELINA, LUIZ

LUIZ
Quero vê-la. Está melhor?

AZEVEDO
(*apontando*)
Quase cadáver, senhor!

LUIZ
Oh! E o senhor me diz isto assim?! (*corre para ela*) Adelaide?

ADELAIDE
Luiz! Quão tarde vem!

LUIZ
Por que me despreza?

ADELAIDE
Acha que o desprezo?

LUIZ
Pois então! Por que rejeita minha mão, minha casa, meus desvelos, meus sacrifícios?

ADELAIDE
(*sentando-se*)
Quer que lhe responda? Pois sim; é porque o amo!

LUIZ

Isto é um suplício! Se vivermos juntos poderemos ainda ser muito felizes. (*cai-lhe aos pés*)

ADELAIDE

Felizes? Não.

LUIZ
(*exaltado, levantando-se*)
Meu Deus! Esta mulher me odeia, ou então, escarnece de mim!

ADELAIDE
Engana-se. É que eu o amo e muito, Luiz. Ah! É que o senhor ainda me não compreendeu!

LUIZ
(*encara-a alucinado*)
Não é possível! Quer ludibriar-me? Pois eu começo a... desprezá-la!

ADELAIDE
(*supremo esforço erguendo-se da cadeira*)
Luiz!

LUIZ

Meu Deus!

ADELAIDE

(*transição sublime*)

Cumpra-se este destino inexorável! (*a Marcelina*) Minha senhora, traga-me uma luz para me ajudar a morrer. Que dor! (*reclina-se ao ombro de Marcelina. Luiz corre para junto dela, pega-lhe das mãos, dá-lhe um beijo na fronte, e encara-a com olhar profundo. Depois sacode as mãos dela com arrebatamento e sai como louco*)

(*Fim do sexto quadro.*)

Sétimo quadro

(*Tem passado um mês. Raros móveis. Sobre uma pequena mesa uma imagem do Crucificado. A sala é a mesma que apareceu à esquerda no quadro sexto. É ao cair da tarde.*)

Cena XII

ADELAIDE, LUIZ

(*Muita força e vivacidade nesta cena, principalmente quando vai tocando à conclusão.*)

ADELAIDE

Não devia desprender-me da vida, antes de falar-lhe cinco minutos. Por isso o mandei chamar.

LUIZ

Levante-me de uma vez o seu véu. Olhe para mim e veja se sou aquele de outrora. Poderá avaliar quantos padecimentos tenho curtido durante este espaço de um mês, em que deixei de vê-la para abraçar-me com minha desgraça e lavar sua amargura com prantos de meus olhos?

ADELAIDE

Um mês sem ver-me, um mês sem vê-lo, Luiz! O senhor não sabe amar!

LUIZ

Adelaide, rasgue o invólucro de seu coração e mostre-mo. Quero ler seus hieróglifos para ver se o entendo, já que suas palavras, durante tanto tempo, só têm contribuído para confundir-me.

ADELAIDE

Escute. (*pausa*) Que idéia faz do amor?

LUIZ

Uma idéia suprema e fatal!

Adelaide
Seria talvez ridículo para o mundo ouvir-me falar em amor, prestes a cair entre os braços de uma campa. Mas, Luiz, diga-me que o mundo não me ouve; que eu estou bem escondida no fundo de meu quarto; que o lúgubre eco de minhas derradeiras palavras não passará além destas paredes impassíveis. Todas as portas estão fechadas, bem fechadas, não?

Luiz
Fale, fale, Adelaide. Aqui só há uma alma que a escuta pelo coração – sou eu, Adelaide, eu que não sou o mundo.

Adelaide
Sabe por que disse que o mundo riria do que vou revelar-lhe, caso pudesse ouvir-me? Porque ele entende que o amor é uma luva que se calça por luxo; e morrer assim fora... um disparate!

Luiz
Que irá dizer-me?

Adelaide
Entretanto, o amor é mais do que isso; é tudo. Educam as almas pelo espírito e deixam que o sentimento sucumba desatendido, como a larva morta na crisálida. Pensam os pais que na vida conjugal a afeição nasce a modo de ar-

busto que se planta. Engano funesto! Muitas vezes a mão cansa de plantar a semente, que morre, sempre que o solo é refratário à vegetação.

Luiz
Adelaide!

Adelaide
Um minuto antes, ao evocar a história da cortesã *coquette* que ostentava nas salas todas as suas graças e seduções, sem dúvida não pensaria, Luiz, que essa cortesã – hoje uma múmia – seria capaz de compreender o amor assim!

Luiz
Não, decerto. Mas então...

Adelaide
Eu o amava. Os preconceitos e os hábitos da época condenavam minha paixão. De um lado lutava com os costumes obsoletos da corte. Do outro meu pai dizia-me que o coração de uma moça era um estofo macio de seda, dócil a receber em seu seio este ou aquele ídolo que a razão escolhesse. Fechei os olhos, Luiz, e quando abri-os, achei-me com os pés gotejando sangue dos cardos do meu caminho, feito às tontas nas trevas do abismo. As sedas tinham-se incendiado, e do meu coração só restavam cinzas!

LUIZ
Morro em ouvi-la. Não olhe para o caminho que deixou atrás de si, marcado de pegadas sombrias. Olhe para mim, Adelaide; sopre nas cinzas de seu peito, e talvez ainda encontre fogo bastante para aquecer-me a gelada esperança.

ADELAIDE
Que quer dizer, senhor?

LUIZ
Que o amor é uma beleza da alma e não um esmalte corpóreo. Sua alma não está virgem? A minha também o está. Casemo-las.

ADELAIDE
Já não estão casadas, senhor?

LUIZ
Casemo-las pelo laço solene da religião. Não poderei viver na ausência de seus prestígios. Minha existência é uma lâmpada de vidros multicores, mas falta-lhe a luz, colocada no seio do santuário, para dar vida à variedade dos prismas.

ADELAIDE
Lembra-se por que foi que meu pai não anuiu ao nosso consórcio?

Luiz
Para que acorda essas amarguras pungentes para a senhora e para mim?

Adelaide
Tenha paciência; ouça. Meu pai que infelizmente comungava no modo de ver da sociedade, chamava-o *cômico*, e repelia-o pelo ferrete da arte.

Luiz
E desgraçadamente sou ainda o cômico! É por isso que recusa minha mão?

Adelaide
Não. É que nesse tempo a sociedade me julgava acima do senhor, e hoje eu me considero abaixo.

Luiz
De mim?

Adelaide
Fite seus olhos na minha fronte. Por entre as rugas da epiderme colada aos ossos, não distingue uma nódoa que me envilece?

Luiz
Vejo-lhe a coroa de um martírio.

ADELAIDE

Engana-se. O que aí há é o estigma do... opróbrio. (*chora*)

LUIZ

Adelaide, sacrifício por sacrifício. A senhora imolou sua virgindade, eu imolarei meu amor-próprio. Mas acima de tudo isto, compreenda, há o amor que cura as úlceras mais fundas; há a nobreza e a magnanimidade do afeto.

ADELAIDE

Fala-me em nobreza; apelo em nome dela. Não consentirei que o senhor se case com uma mulher...

LUIZ

Senhora!

ADELAIDE

Acalme-se. Deixe-me morrer debaixo do peso de minha cruz. Nosso consórcio é inexeqüível. A energia de que o mundo carece tenho-a eu. Não quiseram que eu me ligasse ao artista; também não quero que o artista seja consorte de uma mulher impura; o artista está mais alto que o barão, e o barão repudiou-me. Considero-me indigna de seu amor, porque não tenho as virtudes da virgem para perfumar-lhe a existência. O amor é fatal – disse-o. Pois bem: curvo a cabeça ao destino.

LUIZ

Mas não vê que mata-me? Adelaide, o passado é um cadáver; não o desenterre. Compadeça-se de mim. Tenho lágrimas cristalizadas dentro do peito; elas rebentarão flores ou pérolas talvez. Quero viver. A vida é uma celestial mansão ao lado de um anjo. Dê-me a vida.

ADELAIDE

Posso eu dar-lhe o que não possuo? O senhor endoidece. Mas eu o amo louca, infinitamente, Luiz!

LUIZ

Oh! (*abraça-a e beija-a*)

ADELAIDE

Que destino, meu Deus!

LUIZ

Tudo quanto acaba de dizer-me foi um episódio de romance, não é verdade?

ADELAIDE

Engana-se, senhor.

LUIZ

Adelaide!

ADELAIDE

Não.

LUIZ
Eu desatino!

ADELAIDE
Cruel suplício! Prometa-me ao menos que o amor que me tem não há de pertencer nunca a mulher nenhuma deste mundo. Será minha última consolação.

LUIZ
A senhora leva-me à desesperação.

ADELAIDE
Promete?

LUIZ
(*confuso*)
O que é esta mulher, Deus meu?!

ADELAIDE
(*prostrada*)
Não posso mais. Estou tão abatida. A violência destes choques abalou-me em excesso. Aproxima-se o momento supremo da separação para sempre. Prometa-me não amaldiçoar minha memória.

LUIZ
(*como louco*)
Adelaide, quer que eu me mate?

ADELAIDE
(*radiante*)
Que diz?

LUIZ
(*solene*)
Deixarei o mundo para acompanhá-la além-túmulo.

ADELAIDE
Aceito o sacrifício cruento de sua morte. Fora minha suprema felicidade. Oh! Mas é uma loucura! O senhor matar-se por mim!

LUIZ
(*como acima*)
Juro! (*vai a sair. Adelaide o detém e beija-o*)

Cena XIII

Os mesmos, MARCELINA

MARCELINA
(*entrando*)
Vinha vê-la, minha senhora. (*Luiz sai*)

ADELAIDE
Que horas deram?

MARCELINA

Seis. Vim trazer-lhe a última porção do remédio. Tome.

ADELAIDE

(*mau humor*)

Vá para longe com isso.

MARCELINA

A senhora vai mal. (*põe o remédio sobre a mesa. Ouve-se cantar à direita a ária de Julieta e Romeu*)

ADELAIDE

Onde é que tanto tocam e cantam desde ontem?

MARCELINA

Aqui à direita, no palácio do barão de Serinhaém. A filha casou-se há dias, e ainda rola a festa.

ADELAIDE

Com quem?

MARCELINA

Com o doutor Artur, aquele moço que esteve aqui naquela noite de seu terrível acesso.

ADELAIDE

Ah!... Sim. (*batem à porta*) Veja quem é.

Cena XIV

As mesmas, Coutinho

Coutinho
Folgo de vê-la melhor.

Adelaide
Não pode esquecer-se da mísera.

Coutinho
O remédio produziu feliz resultado? A senhora dormiu? Descansou? Passaram-lhe a irritação e a febre?

Adelaide
A febre! É o estado natural da alma que sofre as impressões de uma recordação sinistra.

Coutinho
Não é natural esse seu progressivo desânimo.

Adelaide
Pois em que hei de ter mais esperança? Fora uma insânia confiar, quando é tão formal o desengano.

Coutinho
Veio o padre?

ADELAIDE
Veio. Fiquei com o espírito tão plácido.

COUTINHO
A religião é um bálsamo.

ADELAIDE
Dá-me novas de meu pai?

COUTINHO
Prepara-se para partir amanhã no vapor para Pernambuco.

ADELAIDE
Veja se pode conduzi-lo até aqui.

COUTINHO
Hei de fazê-lo. Estou certo de que não será preciso esforço para o conseguir.

ADELAIDE
Quero vê-lo ainda uma vez, ouvir de seus lábios doces consolações. Um pai tem sempre um lado de pai.

COUTINHO
Ele há de vir. Tranqüilize-se. (*batem*).

ADELAIDE
(*a Marcelina*)
Conduza-me para o meu quarto. (*desapare-*

cem pela esquerda do espectador enquanto Coutinho vai ver quem chega)

Cena XV

Coutinho, Fonseca, Adelaide

Coutinho
Pois era o senhor?

Fonseca
Embarco amanhã para Pernambuco, e fora-me impossível partir antes de vir vê-la; sempre há um conforto nisto, senhor Coutinho. (*chora*)

Adelaide
(*dentro, na alcova*)
É impossível que eu me iluda. Conheço esta voz.

Coutinho
Não fez mais do que antecipar-se. Mesmo agora ia eu procurá-lo.

Fonseca
Para que, senhor?

Adelaide
(*dentro*)
É ele. Não há dúvida. (*chega à porta que dá para a sala*)

Coutinho
Neste instante pedia-me a pobre moça que o fizesse chegar aqui.

Fonseca
É certo então que ela não se esqueceu de mim?

Adelaide
(*aparecendo, com arrebatamento*)
Esquecê-lo!

Cena XVI

Os mesmos, Artur

Artur
(*que entra*)
Coutinho, quis vê-la ainda.

Adelaide
Meu... pai! (*comoção geral*)

Fonseca
(*olhando-a*)
Que mulher é esta, meus senhores?

Coutinho
Pois não a conhece?

ADELAIDE
Sou sua filha.

FONSECA
Minha filha! Pois és tu, Adelaide, tu, este duende que me horroriza?

ADELAIDE
(*em pranto*)
Meu pai!

FONSECA
Vem, minha filha. (*com efusão*) Sou ainda teu pai e sê-lo-ei sempre!

ADELAIDE
Sim, eu o creio. (*corre a abraçá-lo*)

ARTUR
(*a Coutinho*)
Ao que se acha reduzida esta mulher!

COUTINHO
Vítima da ambição de um pai! Mártir da submissão de um filho!

FONSECA
(*tendo-a abraçado e beijado*)
Adelaide, perdoas-me? (*silêncio profundo*) Perdoas-me? Eu fui teu algoz, mas peço-te hoje

o perdão. (*Fonseca, sentindo que ela enfraquece, pega-lhe da mão e senta-se no sofá, de modo que Adelaide fique com a cabeça deitada sobre os joelhos dele e o resto do corpo por terra*)

>COUTINHO
>(*aproximando-se*)
>Senhor! (*reparando nela*)

>FONSECA
>(*sobressaltado*)
>Que quer dizer?

>COUTINHO
>(*fazendo sinal com as mãos para que Artur e Marcelina se aproximem*)
>Não vêem? (*apontando*) Está morta!...

>ARTUR, FONSECA, MARCELINA
>Morta!..

>FONSECA
>(*afastando-a*)
>Minha filha! Minha filha!...

>COUTINHO
>Foi ressuscitar no céu. (*pausa*)

>ARTUR
>(*a Fonseca*)
>Permita-me beijar a mão deste corpo, se-

nhor! É o meu primeiro amor que morre; nós – os poetas – temos sempre uma lágrima no fundo do coração para chorá-la sobre a sepultura do nosso primeiro amor. (*ajoelha e beija a mão de Adelaide. Marcelina tem ido buscar a imagem do Crucificado e chora também. Silêncio profundo*)

Cena XVII

Os mesmos, Luiz

Luiz
(*entrando precipitado*)
Aqui estou, aqui estou, Adelaide. (*Artur levanta-se. Pela porta do fundo, que Luiz deixou aberta, ao entrar, vê-se além o sol no ocaso, quase a desaparecer*)

Coutinho
(*solene*)
Silêncio e resignação! Está tudo acabado sobre a terra! (*aponta*)

Luiz
(*choque profundo*)
Morreu! Adelaide!

Fonseca
Ainda este homem!

LUIZ
(*em delírio*)
Ai! de mim! Sou o maior dos desgraçados! (*indo de um lado para o outro, encara a imagem do Crucificado que está em mão de Marcelina. Aponta para a imagem*) Deus! Tu não és Deus! O amor?! É uma maldição! A sociedade?! Um cruel presídio! Sofrer dia a dia, instante a instante, até a loucura, até a morte – eis a vida. (*fitando a imagem*) Onde está a tua bondade, pavoroso enigma?!

COUTINHO
(*repreensivo*)
Luiz!

LUIZ
(*fitando a imagem*)
Onde está a tua misericórdia, tu, que me arrancas com tão rude golpe minha derradeira esperança?

COUTINHO
Está na resignação.

LUIZ
(*com desespero*)
Inferno! Oh! Dor! (*tira rapidamente uma pistola do bolso, arma-a, leva-a à cabeça e dispara-a*)

COUTINHO
(*tendo-lhe batido no braço e desviado o tiro*)
Que resolução era a sua, Luiz?

LUIZ
Cumprir um juramento solene – matar-me!

COUTINHO
É preciso ser homem!

ARTUR
Tenha coragem, como eu tive, senhor. A dor enobrece as almas. Deus é como a nuvem que apareceu aos israelitas no deserto – de um lado a sombra para os que gozam, do outro a luz para os que sofrem! (*comoção*)

LUIZ
(*como há pouco*)
Mas o meu juramento?

COUTINHO
Não sabe que as lágrimas confortam? (*Luiz cai aos pés de Adelaide com as mãos nos olhos*)

FONSECA
(*a Coutinho*)
Ela chora. Mas na flor de seus lábios lívidos paira um sorriso sereno como aquele último raio do sol que agoniza no ocaso. (*aponta para o ocidente*)

ARTUR
É que essa é a lágrima da redenção.

LUIZ
(*erguendo a cabeça*)
Não. (*soluçando*) É a do amor. (*curva a cabeça. Silêncio profundo. Todos choram em derredor do cadáver*)

(*Fim do drama.*)

NOTAS
(que aparecem no final da primeira edição)

P. 134 – *Uma brilhante juventude* – Aludo aos meus colegas do *Grêmio Dramático do Recife*, sociedade literária que instituímos nesta cidade com o fim de animar e desenvolver o gosto, o estudo e o cultivo da literatura dramática para o teatro e para a imprensa.

O muito que esta associação tem feito em tão pouco tempo de existência, exibindo em suas sessões públicas quatro composições dramáticas nacionais dos jovens Drs. Carneiro Vilela e Almeida Cunha, e Oliveira Sobrinho e Marinho Palhares (acadêmicos) augura os mais proveitosos benefícios às letras do país.

P. 160 – *Admiro e almejo um amor verdadeiro* etc. – Está visto que, quando falamos do *amor de Fausto,* referimo-nos não ao amor do personagem com este nome, e sim ao caráter apaixonado que domina em todo o *ensemble* da obra; como poderíamos dizer, por exemplo: o amor das *Páginas da Juventude*, de Lamartine.

P. 198 – *Tenho de ambos estes famosos elixires em meu camarim* – Na Corte, onde deve haver outro cuidado e zelo dos funcionários fiscais, e mesmo certo pundonor e propósito da parte de atores de aparecerem bem, será talvez difícil verificar-se a hipótese figurada ao drama. Cá pela província não seria coisa de outro mundo ver-se disso. Damos testemunho.

P. 202 – *Passeei nos campos de Nápoles* etc. – Não queiram ver contradição entre este dizer de Georgina e estas palavras de Perez, referidas por ela, à p. 200: "Esse homem era meu amigo. Contou-me tudo e depois... matei-o." Assim como na vida real nem tudo quanto o indivíduo diz é sempre verdade, do mesmo modo na fábula do drama a afirmativa nos lábios de uma das figuras não quer dizer que ela não possa ter dito uma inexatidão. O fato de haver dito Perez que matara o amante de Georgina não pode significar absolutamente que tal acontecimento se desse. A asseveração de Georgina o desmente e é o que deve prevalecer como verídico, por não ser contraditada.

P. 223 – *Homem de pergaminho* – Artur, não havendo ainda completado seus estudos, não podia dizer-se propriamente um homem de pergaminho. O barão de Sant'Ana porém o chamava tal em atenção a achar-se ele em seu último estádio acadêmico, prestes a doutorar-se, e, portanto, a receber um título. É uma locução figurada.